GAOZHI JIAOYU TESE YUANXIAO JIANSHE DE
TANSUO YU SHIJIAN

高职教育特色院校建设的探索与实践

◎ 徐和昆 著

ZHEJIANG UNIVERSITY PRESS
浙江大学出版社

前　言

正确认识办学特色是办出高职院校特色的基础。从某种意义上来说，特色就是质量。创建鲜明的办学特色不仅是高职院校生存、发展的关键，也是高等职业教育事业健康可持续发展的关键。高等职业教育特色发展包括：办学理念的特色、培养目标的特色、服务方向的特色、专业学科的特色、课程教学的特色、培养模式的特色、管理模式的特色、教师队伍的特色、校园文化的特色等。其中，人才培养特色、科学研究特色和社会服务特色是大学办学特色的中心要素。

温州科技职业学院于 2008 年 2 月经浙江省人民政府批准正式建立，同时挂温州市农业科学研究院牌子。学院建立以来，始终把特色院校建设作为学院发展的一个战略性选择。坚持走"农科教"一体化、产学研相结合的特色办学之路。坚持实施质量立院战略，不断提升人才培养质量。坚持"以生为本、全面发展"的理念，坚持教学工作的中心地位不动摇，坚持以就业为导向、专业教育与创业教育相融合的人才培养机制。全面实施人才培养质量提升工程，大力开展大学生创新创业教育，努力培养高素质的技术技能人才。

本专著以温州科技职业学院开国内高职教育与农科所一体化先河的发展历程为蓝本，以办学理念、人才培养、科学研究、社会服务、转型发展五个方面为主线，辑录了徐和昆院长不同阶段的各类讲话、文稿等。透过这一主线，可以较为清晰地看到一位高职院校带头人，办学实践者的心路历程、价值追求，尤其是对高职教育办学理念、特色高职院校建设发展的灼见思考。细细品来，也可以感悟到一所新型农类高职院校发展中的不懈努力与艰辛之旅。

作为高职院校，如何加快转型发展和特色发展，已成为各级政府、特别是院校自身亟须破解的重大课题。

面对新的发展机遇,温州科技职业学院将继续深化改革,创新发展,坚持农科教一体、产学研结合的理念,努力建设国内一流的农类特色高职院校和区域性农业科研强院。

这本专著在此仅作为一位办学实践者的点滴"心得"和"实践"与同仁分享,书中难免有疏漏之处,祈望读者批评指正。

作 者

2014 年 12 月 25 日

目　录

第一编

办学理念

坚定信念　强化特色
为高等职业教育开拓一条新路

办学理念关乎高职院校在发展过程中的道路选择。选择什么样的发展路径,坚持什么样的办学特色,这是在高等教育大众化条件下高职院校适应社会与自身发展的必然要求。在现有教育体制机制之下,作为一所后起建设的高职院校,要在强手如林的高职教育界拥有自己的位置、发出自己的声音,就必须善于科学定位,另辟蹊径,努力发展特色。因此,如何把握好农类高职院校办学定位,谱写"农"字头职教篇章,做到"人无我有、人有我强、人强我优",不仅关乎学院的生命、优势与竞争力,更是考验领导人的办学智慧。

温州科技职业学院从创建之初就一直坚守"特色"发展这一目标。

明确学院发展要具备明确的发展目标、战略、布局、原则与动力,要创建农科教一体化的学院特色、学生特色、专业特色与人才培养模式特色。同时,这"五个明确"、"四个特色"的特色办学体系,必须构建"把握实际"、"把握要求"、"把握目标"、"把握供给"、"把握规律"、"把握经验"这"六个把握"的特色办学保障体系。高校特色的形成是一个不断积累和提炼的过程,需要付出坚持不懈的努力。因此,强调特色发展,必须针对学院办学现状和存在的问题,制订既可行又超前的发展战略规划,将特色发展目标分解成具体的行动计划付诸实践;既要尊重学院实际,尊重传统和基础,强化现有优势,又必须紧跟社会发展,以独到的眼光和创新的精神,敏锐把握办学环境的新变化和社会发展对高校的新要求,实施超常规发展,使之成为学院特色。

温州科技职业学院的历史使命是早日把学院建设成为以农为特色,在全省乃至全国有一定影响的优秀高等职业学院,成为温州乃至浙江经济社会发展的人才培养基地,成为温州农业科技的创新中心,成为温州社会主义新农村建设的科技依托。

在"农科教一体化"特色办学思路的指引之下,以科研促专业、以专业促教育、以教育促人才,这些理想的愿景都是题中应有之义。本编选录徐和昆院长在不同场合围绕"特色院校建设"这一议题所做的发言。发言稿渗透着"发展"与"特色"这两个关键词,集中展示了徐和昆院长对温州科技职业学院"农科教一体化"办学定位的个性思考与孜孜实践。

温州科技职业学院建立及面临的机遇与挑战

温州科技职业学院的建立，象征着院校的建设发展进入了一个新的历史时期，跨上了一个更高更新的平台。我们将面临着新的历史使命和新的工作要求，也面临着新的发展机遇和挑战。

新的历史使命是早日把学院建设成为以农为特色，在全省乃至全国有一定影响的优秀高等职业学院，成为温州乃至浙江经济社会发展的人才培养基地，成为温州农业科技的创新中心，成为温州社会主义新农村建设的科技依托。

我们面临的机遇有以下四个方面：

一是面临重大的政治机遇。党的十六大作出加快社会主义新农村建设的决定，十七大把推进社会主义新农村建设作为全党工作的重中之重，2008年党中央、国务院发布的1号文件是关于加强"三农"工作的；去年国家、省、市都相继召开了农业创新大会，出台了一系列含金量高的政策文件，推动农业科技创新；国务院作出了《关于大力发展职业教育的决定》，把发展职业教育作为经济社会发展的重要基础和教育工作的战略重点。国家对农业、科技、教育的高度重视给我们学院的发展提供了千载难逢的政治机遇。

二是面临重大的市场机遇。经济社会发展进入了知识经济的时代，对科技进步和科技创新的依赖性日益增强；我国要走新型工业化道路，要将人口大国变成人才大国，对高素质技能型人才的需求不断增加；我国要建设社会主义新农村，发展生态高效农业和现代农业，需要科技支撑和智力保证，需要培养大批有知识有文化的新型农民。市场机遇给我院的发展提供了非常广阔的平台。

三是面临高等职业教育快速发展的机遇。我国的高等教育已经从精英教育步入大众教育的时代，高等职业教育经过10多年的理论探索和实践，现已成为高等教育的一个类型,异军突起,进入了发展的黄金时期。国家、省高等教育发展的十一五规划中明确要求高等职业教育规模与普通高等教育规模保持1∶1比例,对农业职业教育的发展有许多特别优惠的政策措施,高等职业教育特别是农类职业教育得到了党和政府的高度重视。

四是温州市委市政府特别重视温州科技职业学院的发展,将学院的建设和发展列入温州市教育事业"十一五"发展规划,列为市政府重点工作,给予了环境、人力、财力、物力的大力支持和全面支撑。

同时,我们也面临许多新的挑战,主要是以下三个方面:

一是教育生存发展的挑战。当前我国高职教育已进入从量的扩张到质的提升,注重内涵建设,提高教育质量的转折时期;我省高等教育的资源已从短缺走向相对平衡的时期,我省的高考人数已从高峰走向缓缓下滑的时期,社会对高等教育的要求已从要上大学转为要上好大学、上具有好的就业前景专业的时期;全国全省对示范、优秀学院建设、示范专业、精品课程、实验实训基地建设等都基本进入尾声期。而我院的高职教育尚处起步阶段,各方面基础差、底子薄,无论是在基础设施建设、师资队伍建设,还是在内部管理制度建设、学院优势特色建设等方面都与优秀的高职院校存在着巨大的差异,从一定程度上说我院是全国最年轻也是条件最差的学校,这就意味着我们在竞争日益激烈的招生市场中争取生源特别是优秀生源会处于不利的地位,意味着我们要建设成为优秀的高职学院必然还要走过非常艰难的历程。

二是科技发展的挑战。作为区域型的科研院所,我们面临着非常严峻的竞争和挑战:一是研究主体的多样化。企业作为研究主体异军突起,国家越来越予以重视。二是科技竞争的无边际化。科研的立题已完全打破区域的界限,现在是只认实力不认人。三是社会对科技要求的具体化。社会需要能转化为现实生产力的技术、专利和产品,不再是文章和成果。四是科研工作的权威化。科研工作的权威在不断地形成,研究的优势在不断地固定和被认定。科研工作只认权威、只认优势的趋势越来越明显。作为弱势的区域院所越来越处于不利地位,将面临着优胜劣汰的严峻考验。

三是建设任务的挑战。温州科技职业学院的建设得到省政府和省教育厅等有关部门的大力支持,他们已经给了我们希望得到的一切东西:给了我们所希望的好名称——温州科技职业学院,给了我们想达到的学校规模8000人,给了我们所想要的年度招生计划,给了我们职称转评、科技立项、人才培养等优惠的条件;温州科技职业学院更得到了温州市委、市政府的高度重视,几乎给了我们想要的一切:给了我们建设资金、工作经费,给了我们土地和用地指标,给了我们进人指标,还给了我们许多超常规的政策。温州科技职业学院能否按照省、市的要求把它建设好,责任就完全落在了我们的身上。这是一种信任,一种期望,更是一种挑战,其实就是要求我们回答好两个问题:一是我们能否按省、市要求把温州科技职业学院建设成为有特色、有优势的优秀高职院校,实现规划目标;二是作为全国唯一一所由科研院所转向高校的学院能否处理好内部关系,促进教育和科研的共同发展。

我们分析发展面临的历史任务,是为了增强工作责任感和历史使命感;我们分析面临的挑战,是为了增强工作危机意识和紧迫感;我们分析面临的发展机遇,是为了增加工作信心,抓住历史机遇,加快发展步伐。

(2008 年 3 月 5 日在全院职工大会上的讲话)

坚持走"农科教"一体化特色办学道路
服务农类学生成长成才实际需要

几乎所有来过学院的领导、专家都说我们学校是非常有特色的学校，是非常有发展潜力的学校。省人民政府也非常明确要求我们要建成一所以农为特色的学校。我们也说自己是非常有特色的学校，为此而倍感自豪，并对学校未来发展充满信心。但是这几年我们对特色的研究不够，对特色建设几乎没有什么大的动作。那么什么又是特色呢，我们又该创建哪些特色，怎样去创建特色呢？下面，我讲三个问题。

一、什么是特色

特色一般可以理解为特点、特征、特长，是区别于其他事物的东西。从我的角度去认识特色，特色就是人无我有，特色就是人有我强，特色就是人强我优。特色就是生命，特色就是竞争力，特色就是优势。从实际来看，特色是学院建设发展的工作目标，特色是学校建设发展的指导思想，特色也是学院建设发展的最基本的工作方法。所以，对我们这个后起学校来说，研究特色，抓住特色，创出特色，显得尤为重要。

二、怎样创建特色

创建特色必须要做到五个方面的把握：一要牢牢把握经济社会发展对人才培养的需求，也就是要把握要求。二要牢牢把握人才培养的状态，也就是要把握供给。三要牢牢把握人才培养的目标，也就是要把握人才培养的规格和质量。四要牢牢把握高校建设发展的经验，也就是要把握经验。五要牢牢把握高职教育的理论，也就是要把握理论。

创建特色必须要有所把握，才会有工作方面的基础。同时我们还必须解放思想、勇于突破，具有理论创新、模式创新、方法创新的勇气。在当前来说，教学这一块要创建特色必须要反对教条主义、本本主义和经验主义，科研同志要创建特色必须要反对冒险主义。

三、要创建哪些特色

1.要创建农业、科研、教育三位一体的院校特色。

要在全国树立起研究院所办高校的典范。创建这个特色，要牢固坚持开门办学的工作方针，要将经济社会发展的需求作为我们工作的责任；要牢固坚持走多元发展的道路；要牢固坚持立足温州服务"三农"的指导思想。要做到三位一体化，我们只有把教育、科研和农业各方面工作都做好，在三个方面都有所建树，对社会有所贡献，我们学校才能真正办成一所大学校。假如说这个学校仅有高职教育，它的社会地位是不会高的，社会的公认程度是不会高的。所以只有坚持三位一体的发展，才能提高我们学校的社会地位。创建三位一体的特色，我们院校具有先天优势和与生俱来的特点。

2.要创建专业特色。

什么是专业特色，以我的理解主要包括三个方面的内容：一是结构特色。也就是在学院的所有专业中，专业数量和学生数量的比重呈现它的结构特色。我们学院要建成以农为特色的院校，必须在农类专业数量上、招生规模上，在学院占有较大的比重，在全省具有较大的比重。这就决定我们学院要优先支持农类专业的发展。二是特色专业。也就是说在某一区域范围内人无我有。就是要求我们在全省范围内谋求建设农类的新专业，要在全市范围内谋求建设温州产业发展、经济发展需求的紧缺型专业。这是下一步工作的重点目标，要创建全省和全市范围内的特色专业。三是优势专业。就是要谋求建设同类专业的优势和强势地位，要建设全市、全省甚至是全国的重点专业或龙头专业。

3.要创建学生培养模式的特色。

我们要积极探索农类人才的培养特点，要分析区别于工科学生的培养模式，要大力提倡产学结合、研学结合的人才培养模式，要创出自己的经验来。以我个人理解，当前高职教育实际上带有两个非常强的烙印：一是传统教育的烙印；二是工科教育的烙印。高职教育首先是从工科教育中发展起来的，所以高职教育很多的经验都是工科教育所创立的。实际上工科院校所创建的人才培养模式并不完全适用于理科、农类学生的培养。农类企业和工科企业性质是不同的，农类企业具有非常明显的低、散、小的特征。所以从事农类企业和工科企业的工作岗位的性质也是不同的。一定程度上，农类学生所走向的工作岗位相对于工科学生来说具有岗位的相对不确定性和工作岗位的广泛性。人才可以分为四类,第一类是学术性人才,第二类是工程性人才,第三类是技术型人才,第四类是技能型人才。工科企业和农类企业所需求的人才类型有所不同,工科企业需要的是技能型人才,而农类企业需要的是高素质的技术型人才。企业的性质不同,工作的岗位不同,人才需要的要求不同,将会带来学生培养目标的不同,学生知识结构的不同和人才培养模式的不同。工科院校培养的是技能型人才,而农类院校培养的应是管理型的技术人才或是技术型的管理人才。工科学生走向社会是通过技能解决工作上的问题,而农类学生应该是通过技术来解决问题。一个是动手去解决问题,一个是动脑去解决问题。所以工科学生主要体现在对技能的把握上,而农类学生主要体现在对技术的把握上和应用技术解决实际问题的能力上。这就带来工科学生培养需要大量的高强度的实践和实训,在具体的工作中需要无限次的重复,才能把握操作技能;对于理科或农类学生来说,需要的是理论联系实践,需要的是体验和经验。工科学生需要掌握、了解技术物化的对象,农类学生需要的是基本的理论知识。所以工科强调的是模式教育、过程教育,理科和农类强调的是系统的理论学习;工科强调的是工学结合,大量的强化实训,而农类需要的是大量的实验和验证;工科强调的是单一的顶岗实习,农类可能更需要多岗位的实习和研究型的实习。所以以我个人理解,工科和农科人才培养模式实际上具有非常大的差异。现在高职教育是工科教育在唱主角,而在农类教育方面,其他学校也是效仿了工科教育的经验和做法。所以我们作为农类和理科教育的高职院校有充分的理由和广阔的空间创造出自己的理论来。我们要大胆进行探索,在人才培养模式方面有所创新、有所建树。我们要在产学结合、研学结合方面进行理论的创新,要有很多的文章可做。

4.要创建学生特色。

学生特色表现在三个方面:一是思想作风特色;二是工作能力特色;三是就业面向特色。就是说培养的学生要具有自己的特色,要成为区别于其他学校的学生。比如说,浙江大学提倡求是作风,温州职业技术学院或工贸学院强调的是温州人敢为人先精神。不少学校在创建学生特色方面都做了一些工作。那作为我们学院来说,需要创建什么样的学生特色呢?以我个人理解,农类学生最重要的是要具有创业创新精神的特色,要有当小业主、小老板的勇气;要具有吃苦耐劳的特色,要有甘当小劳力、小农民的朴实作风;要有服务"三农"的优势特色,特别熟悉农业和农村工作。我们学校学生特色的建立将会对学生就业产生重大影响。学生特色如何创建,这是一个非常重大的课题。对于当前来说,我们要做好两方面的工作:一是非农专业要进行农字化改造,使学生具有"三农"方面的基本知识;二是学生教育工作要服务于人才特色的培养。

(2009 年 2 月 28 日在全院 2009 年教学工作会议上的讲话)

关于学院初期发展阶段的认识

今天我们召开的理论务虚会是学院发展史上的第一次。主要任务是贯彻落实科学发展观,加强理论学习,进一步认清形势,明确目标,理清思路,研究学院发展的重大问题。我针对学院的下一步发展主要讲四个方面问题。

一、要进一步加强对院校发展阶段的认识

目前我院处于高校发展的起步阶段,或者说是初级阶段。这个阶段大约需要两到三年,主要任务是建立稳定的结构框架和运行机制。

在这个阶段,我们面临的主要是需求与供给的矛盾。体现在:

1. 办学规模要求、学生人数增加与我院教学资源的供给矛盾;

2. 社会需求与院校供给的矛盾;

3. 员工需求与院校供给的矛盾。

当前最主要的问题,简单说就是一个"低"字,体现在:人员素质低,专业建设水平低,服务社会能力低。当前的挑战主要是生存和发展的挑战,表现在:我们的产品即毕业生,是否得到社会的认可,是否满足用人单位的需要;学院的发展速度还不够快,要同时注重量的提高和质的提升,完成从量变向质变的过程转化。总之,我们对学院目前所处的高职办学的初级阶段要有清醒的认识。

在院校发展的初级阶段,我们要着重做好四方面的工作:

1. 特别需要以科学发展观为指导,明确院校发展的目标与思路。这里所指的目标是一个系统性的目标体系,由学院各级各部门、各系统构成。实现这些目标的途径、办法、工作措施,要通过分管领导——中层部门层层分解,予以落实,切实解决院校科学发展问题。

2. 特别需要重视解决基础建设问题。院校当前基础建设包括基础设施

建设、人才队伍建设、专业建设、学科建设、制度建设、组织机构框架建设等，要强本固源、夯实基础、培育基础，切莫过分强调产出、强调速度而忽视了基础。

3. 特别重视解决当前问题和未来发展之间的关系。要注重现实和未来的统一，走可持续发展道路，切实减少急功近利行为，减少临时性措施，切忌头痛医头、脚痛医脚和各类"返工"行为。特别在实验实训建设、人才配备、专业规划、设施调配等各方面要与实际需求结合，进行统筹考虑。

4. 特别要有与时俱进、改革创新的精神。我们要干的事情非常多，要实现的目标很宏伟，但难度非常大。在工作过程中，我们要坚决反对以下几种思想：

（1）反对故步自封和自我满足，自身可以有成就感，但不可睡在功劳簿上，要有忧患意识。

（2）方法上特别要反对经验主义，我院的发展没有现成的经验可以借鉴。

（3）教师要坚决反对本本主义。

（4）部门要坚决反对教条主义。除了法律外，任何政策可以因人、因时、因事变化。

（5）科研系统要特别反对自由主义。

（6）领导干部要特别反对官僚主义。主要表现：（1）事务型官僚主义，（2）官员习气、官僚作风、对部门特别苛求、不主动。

二、进一步强化发展认识

要明确"质量立院、人才兴院、科研强院、产业富院"的发展战略。实施院校的发展战略必须反对三种论调：

1. 极端教学中心论，把教学工作与其他工作对立。

2. 消极的科研消亡论。表现在悲观地看待科研资源转化为教学资源，看不到近几年科研的进步，不承认科研人员所取得的成就。我们要看到，这几年科研工作的最大成就就是办成了我们的科技学院，尤其在农类专业建设方面取得了不俗的成绩。

3. 激进的科研独立论。这主要有三种表现：一是认为科研和教学不能融合。错误地以为浙农大与农科院合合分分是前车之鉴，我们也迟早要分开的，表现形式不同，根源是相通的，却不能从全局的高度看待学院各项事业的发展。二是不能全面把握高职院校的职能。三是不能把握市政府的决策,从哲学的角度分析就是不能把握教育与科研的对立统一,只看到对立,没看到统一。在行政管理方面,还不能从高职全面发展的角度看待问题,正确理解把握市委、市政府建立科技职业学院的决定。

三、进一步深化院校发展特色的认识,要坚持三个不动摇

1.高举"三农"旗帜不动摇。我们从本质上说就是农业高职院校,这是不变的根本。因此我们要敢于打出旗帜,敢于做出牌子,敢于谋求位子。目前我们的旗帜还未真正亮出来,整体的发展思路和办法还不够完善,还存在着对自身和社会地位及发展空间的质疑。

2.坚持优先发展农类专业不动摇。我院本质上是农类特色的高职院校,不能忘本,忘乎所以。当前还存在三大问题:一是决心不大,二是信心不足,三是担心过度,担心科技学院成立后会更加削弱农业科研工作。对此,我要说:

(1)我们要有发展的决心。我院在全省的高职院校中农类专业最多,学农的学生最多,农业科研实力最强,我们要看到自己的优势,要下决心把优势发挥到最好。

(2)要有发展的信心。我们要相信自己能成为全省农类专业的示范窗口,能引领全省农类专业的建设,能培养出社会需要的人才,我们的信心有多强,学生就业之路就有多广。

(3)要有发展的恒心。我们要牢固坚持教学的中心地位,不打退堂鼓,不半途而废,要抢占农类专业制高点。

3.坚持立足温州、服务"三农"的目标不动摇。要有所作为、谋求地位,发挥优势,服务"三农"。

加大四个方面的工作力度:

(1)加大解决产业发展存在问题的力度;

(2)加大引进的力度,包括品种、技术、设施及各类生产资料的引进;

(3)加大技术创新的力度,包括品种选育、培育等,关键问题是怎样出成果、成果怎样转化;

(4)加大创新型农民培训力度。在科技特派员、农村扶贫、示范基地建设、农技推广、农民培训等工作中主动承担起职能,要研究高职院背景下农科院工作的特殊性,并提出具体的针对性措施。

四、进一步明确院校发展动力的认识

发展动力包括外部动力和自身动力两方面。

1.外部动力

外部动力要重点处理好三大关系:

(1)与领导和相关部门之间的关系。现在我院的外部资源还有限,我们要努力争取各种社会资源和物质资源,要善于"跑路"。

(2)与技术组织、协会间的关系。我们的步伐正在加快,但还需加大力度。

(3)与服务对象之间的关系。目前我们的服务对象说是有,但其实没有,也就是比较虚。一定要注重时效性,制定双赢政策,在我们与服务对象之间搭起具体有效的载体。

2.外部动力

内部动力方面重在加强三支队伍的建设:

(1)领导队伍。院校的各项事业能否快速发展关键在领导,而中层干部是骨干,我院的中层干部能力总体上来看还是比较薄弱的,要加强中层干部各方面能力的培养。

(2)学术队伍。我院优秀教学团队、科研、专业和学科带头人队伍的建设亟待加强,要加快出台培养、激励、扶持学术队伍建设的政策与措施。

(3)行政后勤队伍。要进一步强化行政后勤队伍的管理,精兵简政,提高效能,尤其是要把外聘人员队伍管好。

(2009 年 7 月 1 日在党委中心组务虚会议上的讲话)

解放思想 振奋精神 加快学院又好又快发展

一、解放思想的必要性

第一,从理论的层面上说,解放思想是一个永恒的课题。因为实践是无止境的,实践是永恒的,认识是无止境的,认识也是永恒的。解放思想,实事求是,以正确的认识来指导实践也是永恒的。解放思想是正确实践的前提是永恒的,解放思想的过程实际上是人进步和发展的过程。解放思想的空间永远是一个单位、一个人发展的前提和空间,这也是永恒的。所以说解放思想是一个自然的历史过程,是一个必然的现实过程。不管是主动还是被动,不管是愿意还是不愿意,解放思想只是迟早的事情。同时,解放思想也是一个非常痛苦的过程。它是一个不断否定自我、扬弃自我的过程,也是一个不断创新、不断探索、奋勇攀登、追求卓越、完善自我的过程。

第二,从实践的层面上讲,解放思想又是一个崭新的课题。因为我们面临着建设温州科技职业学院的崭新的工作任务,现在很多东西发生了重大的改变,这就要求我们思想认识也要发生重大的改变。那么从农校进入温州科技职业学院以后,我们的哪些东西发生了变化呢?我想主要体现在以下几个方面:

一是我们为之奋斗的目标发生了重大的变化。也就是说目标变大了,现在我们的目标是建设优秀的、以农为特色的高职院校和区域性的农业科研强院。

二是我们的服务对象和工作职能发生了重大的改变,即工作对象、工作职能变得多了。

三是我们的工作环境发生了重大的改变。原来的农校和农科院主要是立足温州、围绕温州,但现在变成了立足温州、走向全省甚至全国,我们的整个范围变大了。

四是发展形势发生了重大的变化。简单地讲，就是两个方面：从教学方面来讲，我们的高职教育已经从量的扩张转变为质的改变；从科研方面来讲，就是科研立题竞争的无边际化和集团的垄断化。

五是发展所面临的问题也发生了变化。现在我们要建立优秀的高职院校，培养优秀的人才，建设高素质的教师队伍，创新工作方法，这些都需要我们进一步地解放思想。这些变化也要求我们的工作目标、工作思路、工作方法和工作能力都要发生相应的变化，否则我们就会被淘汰。新学校的建立是我们这些旧人干的，但是新学校的建设需要的是新人，我们这批旧人怎样变成新人，跟上形势发展的要求，就需要我们进一步地解放思想。

第三，从心理层面分析来讲，解放思想也是我们当前一个急迫的课题。高职院校的建立可以说是我们农科院人开天辟地的一大壮举，在座的各位也付出了许多的努力，做了非常大的牺牲。但是在成功的喜悦之后，我们的心理可能会出现一些新的问题，这些问题可以概括为三句话：第一，成功后的自我满足。人人知足，这种知足导致故步自封。第二，攻坚之后的身心疲惫。我们的许多同志为此付出了艰辛劳动，作出了重大牺牲，在把事情做成以后，我们需要休息，需要休整。第三，付出以后的迷茫与困惑。我们付出了有没有实际上的回报？事实上我们得到的基本上都是虚的。

二、什么是解放思想？怎样才能解放思想？

邓小平同志说，解放思想就是在马克思主义的指导下，打破习惯势力和主观偏见的束缚，研究新情况，解决新问题。江泽民同志认为，解放思想与实事求是是统一的，就是要求我们的思想认识符合客观实际，在马克思主义的指导下，冲破传统观念和主观偏见的束缚，改变因循守旧、不善于创新的状态。由此可见，我们可以把解放思想理解为四句话：第一，解放思想的前提是冲破传统观念和主观偏见的束缚，改变因循守旧。第二，解放思想的过程是思想认识符合客观实际的过程，也是一个思想认识进步的过程。第三，解放思想的目的是研究新情况、解决新问题，用来指导实践。第四，解放思想的原则是马克思主义。

那么，在实际工作中我们应该怎样去解放思想呢？我认为主要要做到以下四点：

第一，勇于否定自我，扬弃自我，走过自我。解放思想的前提是要求我们冲破传统观念和主观偏见的束缚，改变因循守旧，这就要求我们勇于否定自我、扬弃自我,也只有在否定自我和扬弃自我当中才能真正地走过自我。当再次肯定自我的时候,我们的思想认识水平就会达到一个新的层次,才能够接受新的事物,才能找到新的发展领域,新的发展空间。那么现在对我们来讲,哪些思想观念需要冲破,哪些因循守旧的观念需要改变呢?我认为有三件事情需要我们去做:

一是以高校的要求来大胆地扬弃中专教学的工作经验。经验被人们形象地比喻为桅杆上的明灯,它照亮的是你走过的海域,但是经验也永远是落后的,因为它指导的是重复的航程。我们中专的办学经验能适应我们的高职教育吗?这显然是不行的,因为高职教育对我们来说是一项崭新的事业。我们农校二十多年的办学经验又是什么呢?我认为可以把它总结为三个方面——半军事化的学生管理;严格的教育管理,狠抓课堂教学 40 分钟;学生的社会实践活动获得了很高的荣誉。这些经验是宝贵的,但是高职教育是不能仅仅停留在这些经验之中的,对这个问题需要进行深刻的反思:我们要反思怎样坚持在严格管理学生的基础上创造新的经验,建立符合高职要求的创新创意的教育体系方面的问题;怎样在坚持抓好课堂教学的基础上找到提高教育水平的新办法,把教育管理从课堂覆盖到教育的整个层面,大胆探索高职教育人才培养的新模式。

二是对照高职院校的要求,大胆地否定和扬弃我们的工作方法。农校传统的工作方法是"模范式"的工作方式,事必躬亲,大小事情一把抓,而且一抓到底,现在这种工作方法还深深体现在我们学院干部的身上,对此我们需要进行深刻的反思。"模范式"的工作方法很难把事情做大,领导干部要学会抓大放小,学会"弹钢琴"。在工作目标上,我们要舍得放弃,抓大目标、抓重点,在工作中建立分权体制,懂得授权艺术。现在我们的领导干部普遍存在三个怕:一怕一放就乱;二怕下属做不好;三怕放权就会失权。

三是对照高校的要求,大胆地抛弃与高校建设发展不相适应的陈旧的传统思想,如科研上的自由主义、教学上的本本主义和行政管理上的官僚主义。要切实解决我们学校当前存在的"低、小、散、懒、慢、乱"的问题,这些都非常顽固地体现在我们的领导干部和广大教职员工身上。

第二,善于学习,善于借鉴,善于思考。我们说解放思想的过程是使我们的思想认识更符合客观实际的过程,那么正确的思想认识又来源于什么地方呢?它来自于实践,这个实践包括我们自身的实践,也包括他人的一些实践。学习和借鉴是获取正确思想认识的一个捷径。但是我们怎样才能做到善于学习、善于借鉴、善于思考呢?我认为善于学习贵在研究,要提倡研究性学习;善于借鉴贵在升华,即从他人有形的经验材料中看到某些思想和精神;善于思考贵在提炼,即去伪存真,抽出一些本质性的东西,规律性的东西。我认为学习有三个层次或境界:一是学而知之,二是学而用之,三是学而通之。所以在学习上,我们要坚决反对拿来主义、本本主义。

第三,敢闯,敢冒,敢为天下先。解放思想的目的在于研究新情况、新问题,来指导实践,大胆地实践。要解决问题就要有敢闯、敢冒、敢为天下先的精神,这种精神就是我们温州人的精神,就是要求有强烈的工作责任心和使命感,要敢冒风险,敢当重任,大胆地工作。在这方面我们还做得不好。一是"敢为天下先、追求卓越"的勇气不够,表现为想法不多,目标不高,标准不高,要求不严,决心不大,魄力不够。二是中庸思想严重,表现为老好人的思想严重,工作不求无功,但求无过。三是本本主义思想严重,表现一为死读自己的书,以本本为出发点,对人服务不主动、不热情;表现二为死读别人的书,工作当中不是积极想尽办法,攻克难关办成事,而是把别人的本本作为自己办不成事的借口。

第四,尊重事实,尊重规律,忠诚于学院事业的发展。我们说解放思想的原则是马克思主义,解放思想需要自由的空间,但是解放思想并不是自由主义,并不是你想干什么就干什么,所以现在有些领导干部与工作脱节很大,想干就干,但很多时候表现为瞎干、蛮干,干出问题,捅出娄子,就叫别人来解决。所以说解放思想的原则是马克思主义,那么马克思主义原则到底是什么?我看主要是三条:一是尊重规律,一定要尊重科研发展的规律、教育发展的规律和高校运行的规律;二是尊重事实,要符合我们温州科技职业学院发展的客观实际;三是忠诚于我们的事业,就是忠诚于温州科技职业学院的发展,要以"三个有利于"的原则来判别工作的是非,即是否有利于温州科技职业学院整体实力和整体形象的提升,是否有利于温州科技职业学院科研、教育事业的发展,是否有利于温州科技职业学院学生和干部职工的进步发展。

三、在解放思想中,我们要解决哪些问题?

我认为,要着重解决以下四大问题:

第一,在解放思想中,进一步深化对院校建设发展阶段的认识。我们院校的建设和发展还处于高校建设的起步阶段或者说是初级阶段,院校建设当前的主要任务是建立稳定的基本框架和运行机制,现在面临的主要矛盾是需求与供给间的矛盾。具体来说有三个方面的表现:第一个是院校供给与办学需求之间的矛盾,我们怎样满足学生规模不断扩大的需求;第二个是院校供给与社会需要之间的矛盾;第三个是院校供给与员工要求之间的矛盾。当前我们面临的主要问题是"低"的问题,也就是说我们人员的素质比较低,专业建设、学科建设的水平比较低,社会服务的能力比较低。院校面临的主要压力和挑战是生存与发展的挑战,在这样的发展阶段中,我们怎样才能做好自己的工作? 我认为要特别树立好四种意识:

一是要有目标意识。要明确院校建设发展的目标、思路,目标就是旗帜,目标就是方向,目标就是我们建设发展的蓝图,目标是一个结构系统,是一个层次体系,也是一个过程体系,我们的工作思路就是实现这些目标的途径、办法和措施。我们强调要有目标意识主要是指两种意识:一是要求各级领导干部要通过实践科学发展观的解放思想大讨论活动来确定自己的工作目标;二是要求各级领导干部要找到实现这些目标的途径和办法,所以我们认为没有目标的领导是不称职的领导,或者说是不想干事、不知道干什么事的领导是不称职的领导,没有思路的领导或者不会干事的领导是不受人尊敬的领导,所以在座的各位领导都要问一问自己心中到底有没有目标。

二是要有"做窝"意识。要求大家正确认识"捕食"与"做窝"的关系。我们许多同志会认为,"捕食"(做事情)是自己的事情,"做窝"(条件建设)是学院的事情,是领导的事情,认为自己想干活但是没有干成活,责任不在自己,而在于领导,其实这种认识是极端错误的。我认为在院校建设发展的初级阶段,"做窝"是各级领导干部的事,而且是首先要做好的事,要做好自己的"窝",建好自己的小天地。"做窝"简单地说就是重视基础条件的建设,"窝"有有形看得见的,也有无形看不见的,看得见的"窝"是硬件条件,看不见的"窝"是软实力。"做窝"就是要重视基础条件的建设,包括基础设施的建设、人才队伍的建设、学科专业结构或者研究方向的建设、制度建设、运行机制的建设、社会关系网络建设等等。

三是要有可持续发展意识。要求我们正确处理解决现实问题与未来发展的统一问题,要用联系的观点和发展的观点看待和处理问题,不要犯头痛医头、脚痛医脚的现实主义错误。我们要吸取历史经验和教训,这方面的教训我们是深有体会的,例如试验实训基地的建设、办公场所的建设、人才队伍的建设。所以我们在当前的专业建设、实训条件建设、人才队伍建设等方面要牢牢把握和运用好这些关系。

四是要有团结意识。当前学院的发展正处于转型的关键时期,是快速发展的时期,是重大利益的调整时期,也是工作任务最重、思想压力最大的一个时期,这个时期需要我们大家同舟共济,发挥聪明才智。这个时期一定程度上来说,也是我们心理容易出问题的时期,所以这个时期搞好工作特别需要大家有良好的工作心态和强烈的团结意识。做好团结工作需要做好以下三点:一要做好班子的团结,即要相互补台,而不是相互拆台;二要做好部门间的团结,各部门都应树立荣辱与共、肝胆相照的思想,在部门间的关系中,行政管理部门要负首要的职责,因为行政部门处于工作的主动地位;三要做好部门内部的团结,就是要相互支持,相互帮助,携手共进,在处理部门同志之间的团结问题上,部门的主要负责人要负首要职责。

第二,在解放思想中,进一步地深化对院校发展战略的认识。我们院校的发展战略是质量立院、人才兴院、科研强院、产业富院。换句话说,就是坚持以人为本,以教学为中心,科研教育两条腿走路,统筹院校各方面的发展。这一发展战略的确立是市委、市政府的要求,是高校自身的要求,是我们院校现实的一种要求,也是一种历史的必然。是否要坚定不移地执行这一发展战略,关系非常重大,事关领导满意不满意,群众答应不答应,院校发展不发展,院校稳定不稳定的重大问题。要坚定不移地实施这一发展战略,当前要重点做好以下三项工作:

一是坚定不移地坚持教学的中心地位。尽快搞好学校的专业规划建设,加大力度落实“教高16号”文件精神,加大教育团队的建设和学科带头人的培养力度。

二是正确处理科研和教育之间的关系。处理好这种矛盾关系,首先要解决三种错误的思想认识:第一种是极端的教学中心论,表现为“万物皆下品,唯有教学高”,院校的其他工作都处于次要和从属的地位,有时把教学视同为高职教学甚至是45分钟的教学,机械地把教学工作和其他工作对立起来,这种论调在我们院里还是有很深的思想根源的。第二种是消极的科研消亡论,表现为悲观地看待原有的科研资源转化为教学资源,看不到这几年科研工作的进步和发展,不承认科研人员所取得的成绩,认为科研地位相对教学地位在下降,悲观地推测农业科研迟早会消亡。第三种是激进的科研独立论,认为科研与教育是不能融合的。这三种论调表现形式不同,但本质上是相通的,即从行政角度看,它不能从高职院校的全局高度来审视科研教育的发展问题,不能全面地理解和把握高校的职能和历史使命,不能全面地理解和把握市委、市政府对我们的工作要求;从哲学角度分析,它不能正确地认识和把握科研与教育的辩证关系,只看到它们之间的对立关系,没有看到它们之间相互联系、相互统一、相互促进的一面。

三是切实加大成教事业、开发事业的力度。这些年我们在大力发展高职教育的时候，一定程度上忽视了对成教事业发展的领导。这几年成教事业虽然有很大的进步，但是也存在许多问题。主要体现在以下三个方面：一是成教的工作面还比较窄，表现为重视学历教育、轻视培训教育，还没有真正做到立足温州经济社会的发展，立足人的终身教育搞成教事业；二是成教工作的投入不够，表现为成教部门单打独斗，还没有真正确立将高职院校从学生的高校转变为社会的高校的思想和全院办成教的思想；三是成教工作的条件比较差，一定程度上可以说是在"吃剩饭"，一直来用的是学校科研和高职教育剩余的办学资源。在新的发展时期对成教工作必须要有新的认识，对成教工作要进行新的规划、新的定位，赋予新的内容。我想就怎样搞好成教工作，讲三点意见：一要有将我们的学院办成社会大学、全天候大学的决心，成教教育要立足高职，面向终身教育，要把成教事业的发展放在非常突出的位置上；二要全院办成教，各系部、研究所要自觉地将成教发展作为自己的工作任务，搞好成教的工作是服务社会的要求，同时也是更好地立足温州、扩大知名度的最佳途径，也是增收的有效途径，我们要勇敢地面向社会、面向"三农"市场；三要加大力度改善成教的办学条件，这些条件包括硬条件和软条件，要把农类培训大楼建设起来，要把师资建设搞上去。

第三，在解放思想中，进一步地深化对院校发展特色的认识。我们的学院是一个非常有特色的学校，要深化对院校发展特色的认识，要强调在特色建设当中，坚持三个不动摇：

一是高举"三农"的旗帜不动摇。我们学校的基础在农业，我们的特色在农业，我们的优势在农业，所以一定程度上可以说，温州科技职业学院是一所农类的高职院校。而要高举这面旗帜，我们首先要打出旗帜，目前这面旗帜从整体上看还没有包装好，还没有整体的思路，这方面需要宣传部、办公室和各位同志做深入研究。其次要做出牌子，一个是农业职业教育的牌子，体现在我们的专业建设在全省到底处于什么水平，我们培养的学生质量怎么样；另一个是服务"三农"的牌子。再次是谋求地位，一个是在温州的社会地位，一个是我们的农业职业教育在全省甚至全国的高职教育至少是农业高职教育中的地位。

二是坚持优先发展农类教育专业不动摇。目前我们在发展农类专业上还存在三大问题：决心不大，信心不足，担心过度。我们有时担心农业职业教育的前景，担心农业专业学生的就业前景，也担心发展农类教育会影响院校对学生的吸引力问题。实际上这些担心是没有必要的，因为农类作为一个门类的教育,它有现实的社会要求,国家对农业的发展很重视,对农业专业学生的学习和就业有特别优惠的政策措施,我们农类专业的学生是有很好的就业和创业空间的。坚持优先发展农业专业不动摇,要做好以下三点:一要有发展的决心,这种决心就是要把温州科技职业学院建成全省农类专业最多、学生人数最多、办学实力最强的高职院校。二要有发展的信心,要坚信自己能成为全省农业技术类的专业带头示范性高职院校,能够引领全省农业专业的发展,成为全国农业职业教育中有相当影响力的高职院校,要坚信我们培养人才的能力有多强,我们的学生社会就业创业的空间就有多大。三要有恒心,农业专业各系要牢记教学的中心地位,要把农类专业的建设和发展作为首要任务,持之以恒,不打退堂鼓,不半途而废,更不能小富即安,要继续保持高强度的能力、精力和时间的投入,积极探索农类高职人才培养的模式,加大教学改革的力度,在精品课程建设、示范基地建设、特色教材建设方面有新的突破。

三是坚持立足温州、服务"三农"的方向不动摇。充分发挥农业科研教育一体化的优势,牢固树立"有作为才有地位"的思想,积极探索农业科研教育一体化院校运行的新模式,切实解决当前工作中存在的产出不多、水平不高、影响不大的问题。在以后的工作中要加大三个方面力度:一是切实加大科技支撑力度,解决温州农业产业发展中存在的品种问题、关键技术方面的问题;二是切实加大人才支撑力度,在高职人才培养、农民培养培训和农村干部培训方面大有作为;三是切实加大社会服务力度,继续做好科技扶贫、科技培训、科技示范等方面的工作,充分发挥科研教育方面的优势。

第四,在解放思想中,进一步地深化对院校发展动力的认识。我们学院的发展是一个复杂的系统性工程,学院的建设和发展要依靠我们,但仅有我们是远远不够的。学院的发展需要强大的动力,动力无外乎两种,一种是外部的动力,另一种是内部的动力。但是外部动力只能通过内部的动力发生作用。关于发展动力的问题,当前我们要做的工作是:

一要切实增强外部发展的动力。外部的动力就是建立和发展市场关系。第一个是建立和发展与领导及支持部门的关系。领导和部门的支持能给我们提供强大的物质利益空间,一定程度上可以说与领导及部门的关系是学校办学最重要的资源,与领导及部门的关系决定着学院的办学能力和办学水平。第二个是建立与技术组织、协会、学会和有关专家的关系。技术组织、协会、学会和有关专家的支持能够给我们提供学术活动的空间,这些技术组织、协会、学会和专家的水平有多高决定了我们学院的办学水平有多高。第三个是建立与发展服务对象之间的关系。为服务对象提供满意的服务是我们的职能,是我们的办学宗旨,也是我们生存发展的理由。服务对象的满意程度是判别学院办学水平的最根本的标准,服务对象的量和服务对象的面是决定院校生存活动的空间。第四个是建立和发展与周边环境的关系。周边环境的支持能提供给我们良好的生活空间,搞好关系,解决群众的矛盾和问题,有利于院校的稳定和安全,也有利于平安校园的建设,和谐校园的建设。

二要切实增强内在发展的动力。内部发展动力主要解决四大问题:一是建好干部职工队伍,即领导干部队伍、中层干部队伍、科研教育团队、管理服务队伍;二是解决人才总量和结构方面的问题,要解决当前人才数量严重不足、结构不佳的现状,坚持培养和引进两手抓的方针;三是解决人才的能力问题,院校的领导干部要成为教育家、学问家、管理家、政治家和活动家,中层干部要成为教务专家、教学专家、办学专家、教育家。对教职员工来讲,要具有三大能力:教学能力、科研能力、服务社会的能力;四是切实改进思想作风和工作作风。

(2009 年 8 月 25 日在暑期中层干部学习会上的讲话)

解放思想 科学规划推进学院在新的起点上科学发展

一、关于学院"十一五"发展问题

(一)基本成绩

过去的五年,对学院来说是实现跨越式发展的五年,也是实现梦想的五年。正如邵占维同志说的那样,我们农科院人开天辟地地建成了温州科技职业学院;也正如许多领导专家讲的那样,温州科技职业学院建成之时,学校就会基本达到高职学院发展的中等水平。

回顾五年走过的历程,我们取得了四项突出的成绩:一是构建了高职教育的基本框架(包括高校的组织结构框架、教育结构框架、专业结构框架、制度结构框架),教学成果得到了社会的肯定;二是构建了教学、科研基本队伍,人员结构素质得到了很大提升;三是构建了校园基本形象,教学、科研、工作、生活条件得到了很大改善;四是构建了学院基本特色(包括农业教育特色、科研特色、创业教育特色),学院呈现出了强大的生命力量。

(二)基本经验体会

回顾五年走过的历程,我们心中有许多的感慨,有许多的体会,也有许多要在以后的工作中牢固坚持和发扬光大的经验。这些经验体会我认为主要有以下四点:一是一个单位的发展必须有一个宏伟的目标,来统一大家的思想和行动;二是一个单位的发展必须有外部环境坚强有力的支持,包括各级领导、有关部门、兄弟单位和社会各界的支持;三是一个单位的发展必须有安全、稳定、和谐的内部环境。五年来,我们解决了学生的安全问题、科研与教育的矛盾问题、教职工的收入问题;四是一个单位的发展必须要尊重和发挥全体教职工的创业创新精神。五年来,我们具有了敢闯、敢做、敢为天下先的精神;具有了勇于挑战自我、超越自我的精神;具有了同甘共苦、拼搏奋进的精神。

（三）存在的问题

回顾五年走过的历程,我们的工作还存在许多问题,这些问题主要是发展中的问题,表现在三个方面:一是学院的产出还难以满足经济社会快速发展的要求,主要包括科研的产出、教学的产出和社会服务的产出;二是学院的供给还难以满足学生的学习、生活要求,包括生活条件、教学条件、环境条件;三是学院的各种条件还难以满足广大职工自我发展的要求,包括工作条件、生活条件、收入水平、培训进修及进一步发展的条件等。

二、关于"十二五"发展规划问题

改革开放 30 年来的中国高等教育已进入了一个崭新的历史时期,这个时期有两个重要标志:一是从需求的角度讲,已实现了读书难向读好书的转变,即高等教育已从精英教育转向大众化教育;二是从发展的角度讲,高等教育已进入了从数量扩张转向质量提升的时期。

我院的高等职业教育经过"十一五"时期的发展,也进入了一个新的历史阶段,这个阶段的主要标志是:学院已基本完成结构和运行机制的建设,今后的发展要转变到质量建设和内涵建设的轨道上来。

国家已经制定了中长期教育改革和发展规划纲要,也即将出台高等教育"十二五"发展规划。学院党委对"十二五"规划的制定非常重视,前段时间各部门做了大量的工作,并已拿出总体规划和 6 个子规划的草稿。规划制定得好坏将直接关系到学院"十二五"期间的发展。下面,我想就学院的"十二五"发展规划谈几点意见。

（一）关于学院"十二五"规划的总体目标问题

如果说我们学院"十一五"发展的总体目标是温州科技职业学院的建立问题,那么,"十二五"规划的总体目标就是要回答建成一个怎样的温州科技职业学院的问题。对学院"十二五"规划的总体目标,草稿文本已有初步阐述,从本质上来说,就是要建成一所具有较强社会影响、较高社会地位、农类优势突出、特色鲜明的优秀高职院校。简单地说,就是建成特色院校。

那么,为什么将"特色院校"的建设作为学院发展的奋斗目标呢? 主要是基于以下四方面的考虑:

1. 建设特色院校是高职学院发展趋势的要求

高职学院建成以后应该怎样发展,主要有以下三条道路:一是办学层次的升级。主要是从专科上升为本科教育。二是学院级别的升级。如力争成为全国示范性学院(100所),全国骨干学院(100所),全省示范性学院(20所)。三是结构上的升级。如综合性高职、行业性高职或特色高职。

从目前来说,我国高校发展专升本已转为向民办院校开放;高职发展为本科、实行高职研究生教育还只是个理想;各类示范性学校早已被"列强"瓜分,追求综合性高职、扩大结构规模已显落后。而创建特色鲜明的行业高职或特色院校已经成为高职发展的共同追求。

全国教育改革规划纲要提出:促进高校办出特色,建立高校分类体系,实行分类管理;发挥政策指导和资源配置的作用,引导高校合理定位,克服同质化倾向,形成各自的办学理念和风格,在不同层次、不同领域办出特色,争创一流。

因此,建设特色学院是高职学院发展的趋势。

2. 建设特色学院是高职发展竞争的要求

在新一轮的高等教育发展形势下,正发生着三个非常深刻的变化:一是社会需求的变化,即从读书难转向要读好学校、读好专业。二是供求的变化:从2013年后,生源将显著减少。数据显示,现在我国适龄入学儿童是1.25亿人,2020年将减至8500万人。三是追求的变化:《纲要》明确提出要创建世界一流大学,而一流大学对本科学院发展来说,目前连清华、北大都进不了世界百强;而最有希望成为世界一流的将是高职院校。在高等教育的社会需求、供求关系以及追求发生变化的情况下,高等教育的融合、提升将成为必然要求,竞争将成为主题,而对后起的学校、弱质的学校、弱质的专业的影响将首当其冲。

要想在竞争中立于不败之地,办法只有两个:一是谋强。就是在相同的发展道路上加快发展步伐,走在前列。二是谋奇。就是不走寻常路,最好的竞争就是错位发展,避免竞争。不管是什么办法,创建特色、谋求优势是唯一的选择。

3. 建设特色学院是学院发展的基础要求

我们温州科技职业学院是一所非常普通的高职学院,但又是一所特别的高职学院,特殊性主要体现在以下几点:第一,我们是全国唯一一所在农科院基础上建立的高职学院;第二,我们是全国唯一一所同时挂高校与农科院牌子的学校;第三,我们也是全国唯一一所同时承担高职教育和农业科研职能的学校。这种特殊性带给了我们与生俱来的优势,也带来了许多其他高校不存在的突出矛盾和困难。这就要求我们在遵循教育和人才培养普遍规律的基础上,大胆解放思想,寻求与其他学校不同的发展模式,不同的发展路径,不同的发展特色。

4.建设特色学院是学院发展新阶段的要求

学院在基本完成建院的历史任务后,发展形势发生了深刻变化。主要体现在五个方面:一是发展的模式发生了深刻的变化。即学院从主要通过整合外部资源快速发展的阶段,转向主要依靠加强管理、提高素质的发展阶段。二是发展的基本动力发生了深刻的变化。即学院的发展从主要依靠领导班子争取社会环境支持,转向主要通过各级领导干部职工的努力工作,也就是发展动力的重心下移。三是社会环境对学院的要求发生了深刻的变化。即从原来的建院的要求转向了对学院的产出的要求,从高职的基本要求转向了全面发展的要求。四是干部职工对学院的要求发生了深刻的变化。即从原来的胜任岗位工作,转向谋求个人发展、事业地位和社会待遇。五是学院领导班子对部门的要求发生了深刻的变化。即从原来的建设、稳定转向进一步的提升与发展。

(二)关于特色学院的目标与内涵问题

我们说要创建特色学院,那么特色学院又是怎样的学院? 它的目标、内涵有哪些内容? 又有哪些具体的要求呢? 我想主要有以下六个方面:

1.在办学模式上,要创建农业、科研、教育一体化的高职学院

所谓办学模式或者说是学校的办学类型,我个人的理解是:立足于职能和服务领域,学校的组织及运行的形式。

就全国高职院校的办学模式而言,主要有四种类型:一是以高职专业教育为主的办学模式,如辽宁农业职业技术学院,非常单纯和专业;二是以高职教育＋培训的办学模式,如北京农业职业技术学院;三是高职教育＋科研＋农业(社会服务)的办学模式,这就要以我们温州科技职业学院为代表;四是高职教育＋产业发展的办学模式,以浙江工贸职业技术学院为代表。

学校办学模式的选择是一种历史的选择,它与一个学校的历史、渊源和积淀相关;学校办学模式的选择也是一种现实的选择,与现实的办学条件相关;学校的办学模式选择也是一种对未来的选择,与学校领导班子对未来发展的判断相关。

学校的办学模式,是一所高职学院必须回答的最重要、最根本的问题,

也是一所学院最大的特色。

说实话，学院创办至今，我们有许多争论，但争论最多的还是在办学模式上。有三种论调影响深远：一是高职教育一点论，这是教育专家所强调的；二是科研消亡论，这是许多领导所担心的；三是社会服务无用论，这是许多现实主义者所质疑的。我们要创建的农业、科研、教育一体化的办学模式，最能体现经济社会对我们的要求，最能体现学院的基础优势，最能体现高校的三大职能，最能为学院的发展争取和谋求到最大的发展空间和发展机遇。要坚持农业、科研、教育一体化的办学模式，我们必须要在工作中坚持三个不动摇：一是坚持高举"三农"旗帜、立足"三农"、服务"三农"的目标不动摇；二是坚持以教学为中心，科研、教育共同发展的工作方针不动摇；三是坚持统筹教育、科研、社会服务协调发展的战略不动摇。

2.在教学结构上，要创建服务于学习型社会和人的终身教育的社会性高职学院

高职学院是大学生的高职院校，更是社会的高职院校。高职院校必须走出校园、走向社会，立足高职教育，充分发挥教育资源优势，主动服务于人的终身教育，服务于学习型社会的建设，服务于人力资源强国的建设。这就要求我们做到以下三点：一是立足经济社会的发展，做精做强高职教育，完善专业教育结构；二是立足全民教育，大力发展成教培训事业；三是立足产业发展，大力发展职业技能鉴定工作。要做好这项工作，必须做到三个到位：

一是思想认识要到位。成教培训、职业技能鉴定工作是高职的重要职能，也是高职教育区别于本科教育发展的优势和方向。国家教育改革和发展规划纲要提出：职业教育要面向人人、面向社会；要坚持学校教育与职业培训并举，全日制与非全日制并重；要加强基础教育、职业教育和成人教育统筹，促进农科教结合；支持各级各类学校积极参与培养有文化、懂技术、会经营的新型农民；开展进城务工人员、农村劳动力转移培训；要推进职业教育为"三农"服务、培养新型农民的试点。

二是组织领导要到位。学院要形成全院办成教的氛围，各系部及职能部门要将成教培训事业的发展列入本部门建设发展规划。要为成教培训工作正名，要享受"国民待遇"，配齐成教培训事业发展的各类资源，切实加强组织领导工作。

三是工作要到位。一要切实加强各类平台建设，充分发挥学院现有各类平台——农村干部与农民培训中心、大学生村官创业与培训基地、现代农

民培养基地、国家职业技能中心等的作用。二要切实加强研究与开发工作。要研究开发培训的对象、培训项目、培训课程、培训教材、职业技能标准等，学院要加大对此类研究开发项目的支持力度，同时要争取政府的扶持。三要切实加强与政府部门及社会各界的联系，进一步争取建立培训、职业技能鉴定的平台和拓展各类业务。

3. 在高职专业建设上，要创建农类教育特色的高职学院

农类特色是我们的本色、我们的优势、我们的品牌；农类特色是领导的期望，也是我们吸引社会、领导和部门眼球的闪光点。

我们要建设农类特色的学院，在工作中要努力实现以下四个目标：

一是在数量规模上，农类专业数及招生人数在学院占有较大的比重，在全省高职院校中要处于老大的地位；二是在专业建设上，要引领全省，在全国有影响和地位；三是在农类高职教育理论研究及人才培养模式的研究上，要有成果，有所突破，成为示范；四是在学生培养质量上，要具有就业的优势，要得到社会、行业的认同。

怎样创建农类教育特色的高职学院，我们还任重道远。怎样使本色转变为特色，使基础转化为优势，使招牌转化为品牌，我们还要下很多功夫。对此，我们要做到以下三点：

一要加大农业类专业创建的力度和招生的力度，要有发展的决心和信心；二要加大农类专业建设的力度，大胆改革；三要加大农类高职教育理论的研究力度，要勇于创新。如农类专业教育平台建设，1+1+1培养模式的实践，2+1模式培养的实践等。

4. 在科学研究上，要创建研究型的高职院校（农业科研强院）

对创建研究型的高职学院这个问题，许多人可能会有不同的看法，因为现在许多大学还非常慎提建设研究型大学问题。但是上次省委教育工委副书记、省教育厅副厅长李鲁来院听了我们的汇报后，他感到研究型高职院校的想法很有意思，认为可以进一步探索。

那么，我们怎样认识研究型高职院校呢？我想从两个层面来分析：

（1）从学院自身的组织及运行情况来分析，要具备以下四个条件：一是在职能目标上，将科研工作及产出作为直接的职能目标；二是在组织结构上，有完整的科研工作体系及运行机制；三是在办学理念上，将科研工作作为推动学院发展的抓手和动力；四是在资源的配置上，为科研的发展提供足够的条件。

（2）从社会角度来评判，要具备以下三个条件：一是科研要服务于人才

的培养。科研工作培养了教师,培养了大批的专家、行家和专业学科带头人;科研工作培养了学生,在学生的培养中科研发挥了非常重要的作用。二是科研要服务于科技进步。体现为有高级别的课题,有高级别的成果与论文,有高级别的品种、专利,有大量的技术和产品。三是科研要服务于产业发展。体现为科研工作引领产业、行业的科技进步和技术改革创新,体现为能解决产业、行业存在的重大共性的技术难题,体现为能与企业行业共建技术创新和技术研发平台。

所以,不管人家对研究型高职院校有怎样不同的看法甚至批评意见,但从形式上来讲,我们温州科技职业学院本身就已经是一所研究型的高职学院,只是从实质上来讲,我们还存在着较大的距离而已。

我们又该如何创建真正意义上的研究型高职学院和农业科研强院呢?我想在以后的工作中要实现以下几个新的转变。对科研战线上的同志来说,平时在这方面我已讲得比较多了。这里我想强调五点:一要拓展研究领域,完善科研结构。主要是拓展社会哲学科学领域和非农自然科学领域,鼓励创建各类科研所,对研究所实施分类管理。二要突出科研重点,谋求科研优势。希望各研究所要明确科研的主攻方向,做到三个统一:科研方向与产业发展要求相统一,课题结构与研究方向相统一,人员及条件与研究方向相统一。三要重视科研团队建设,转变科研的运行方式。重视科研团队建设,大力引进和培养学科带头人,充分发挥学科带头人的作用。加强科研管理,实现自发式的、松散性的科研工作向有组织的、有明确方向目标的科研工作的转变。四要扩大与社会的联系,建设科技研发平台。在重点实验室建设、与行业共建区域性研发平台等方面务必要取得突破。五要加强科研成果的转化、开发和技术服务方面的工作,特别是加大品种、技术的示范推广力度。

5.在人才培养上,要创建学生、家长及社会满意的高职院校

培养人才是高校的首要任务,也是最根本的任务。人才的产出也是高校首要的、最重要的产出。高校的发展有许多课题,但提高教育质量、提高人才培养质量是首要的课题,也是永恒的课题。创建学生、家长、社会满意的高职学院,也是社会对我们最基本的要求。

什么是学生、家长、社会满意的高职学院?我认为就是使我们所培养的学生具有三大优势:就业优势、行业优势和发展优势。就业优势体现在学生的就业档次和待遇方面;行业优势体现于学生在行业中的优势;发展优势体现于学生在社会中所拥有的地位。

在提高教育质量方面,这几年我们做了很多工作,也取得了很大的成

绩。但从总体上来说，我院"质量工程"的实施还处于初始阶段，学院教育质量的提升，还有很大的空间，还有许多的路要走。

(1)要切实加强专业建设。努力建设特色专业、品牌专业。专业是基本的教学单位或最基本的教育组织形式。专业建设要把好三关，做好三个对接。

把好"三关"是指：一要把好创建关。要明确培养什么人的问题。专业建设必须提前立项、提前调研、提前论证、提前筹办，必须坚决克服学院创建之初"拿来主义"留下的后遗症。二要把好人才培养方案的设计关。要解决的是怎么培养人以及培养特色的问题。三要把好条件建设关。明确培养人才的条件，解决专业建设的人力、物力要求。

做好三个对接是指：一要做好学校与产业、行业、企业的对接；二要做好师生与岗位的对接；三要做好高职教育与中职教育的对接。

(2)要重视课程建设。课程是专业的表达形式或实现形式，搞好课程建设必须要处理好三大关系，注重三个衔接，实现三大转变。

处理好三大关系是指：一要处理好高职教育与本科教育、中职教育及职业培训的关系，要明确人才培养的规格；二要处理好素质与职业能力的关系，也就是要处理好就业的需要与未来发展的关系；三要处理好理论知识能力与实践动手能力的关系，也就是要处理好足与够的关系或课时的比例关系。

对于目前的高职教育，我们要警惕两大不良倾向：一是将人作为岗位或机器的附属品来培养的教育思想，实际上这违背了我们传统的以人为本、以人的发展为主要目的的教育思想；二是只重视动手、忽略动脑，将高职教育目标降格的思想。

注重三个衔接指的是：一是课程内容及结构上的衔接，要避免缺失或重复；二是课程安排时间上的衔接，要进展有序、科学合理；三是课程实现形式上的衔接：课堂、实验室及实习、实训、顶岗实习等各种教育形式要自成一体。

实现三大转变指的是：一是课程建设内容上要实现从一般课程向重点课程、核心课程、校企合作课程、薄弱课程的转变；二是工作动力上要实现从自我发展的需要向专业建设的需要转变，紧扣专业建设和人才培养的主题；三是从工作方法上要实现自发性行为向有组织性的工作转变，重视研究团体的协作攻关。

(3)要重视校企合作工作。这几年来学院的校企合作迈出了可喜的步伐,取得了可喜的成果,但从总体上来说校企合作的广度、深度还非常不够。我想下一步校企合作工作要实现四大转变:一是合作对象要实现从低级向高级的转变。要与一流的企业合作,要让师生充分感受企业文化,提升自身的发展。二是合作内容要实现从形式向实质发展的转变,切实改变我们现在以形式为主的合作现状。三是合作层次要实现从实训实习基地向订单培养、合作办学方向发展的转变,要建设真正的校企合作课程,真正的兼职教师队伍,建立合作共赢的目标和运行机制,校企合作的程度要进一步深入。四是合作范围要实现从教学向科研、培训方面的转变。

(4)要重视技能竞赛工作。学院的技能竞赛工作从无到有,这几年进步非常大。但要想提升技能竞赛质量和档次,还要做好以下四项工作:一是技能竞赛要从全面参与向重点参与转变;二是要从谋求广泛的成绩向谋求重点成绩转变;三是技能竞赛工作要与专业技能的培养、专业建设工作和学生的学风建设工作紧密结合;四是要调整技能竞赛的扶持政策和措施。

(5)要加强教师队伍建设。一要加强团队建设;二要发挥专业带头人的作用,要让专业带头人成为专业的设计者、专业的建设者、质量的把关人和改革的组织者、发展的推动者;三要提高水平,加强双师型队伍建设。

(6)要加强教学的督导和管理工作。加强"质量保障体系"建设,进一步提升内涵。

(7)要重视学生的就业问题。要让学生体面地就业,要让他们有较好的待遇、较好的工作环境和发展环境。

6.在校园建设上,要努力创建平安优美和谐的校园

一要创建平安校园,确保师生的生命安全和财产安全。二要创建绿色优美的花园式校园。完成学院基础设施建设,规划和实现实训条件建设,努力改善师生学习、工作和生活环境。三要创建信息化、生态化、节约化的校园。推进无纸化办公进程,确保网络安全;深入开展节约型、生态型校园建设。四要创建师生创业型的校园。要将学生的创业教育和创业活动的条件需求纳入学院的基础设施建设规划,要将学生创业教育纳入人才培养方案中,创业教育要与科研优势相结合,创业教育要充分发挥现有创业平台的作用。五要创建校园文化建设品牌和特色。基础设施建设要体现我们的办学理念,实验实训条件建设要体现专业建设的要求与特色,努力塑造、提炼和包装校园文化的特色和品牌。

(三)关于如何建设特色院校问题

我们已明确特色学院建设的目标、内涵以及工作要求,那么要如何建设

特色学院呢？我认为解放思想是前提，规范化建设是基础，转型升级是关键，深化改革是动力。

1.进一步解放思想，切实转变工作作风

关于解放思想问题，我已讲过多次了。那么在下一轮的发展中，我们又该如何进一步解放思想呢？我们要做到以下三点：一是要拓宽我们的视野，实现从狭小的高校走向社会的转变。要进一步树立高校意识，正确地理解和把握高校的三大工作职能；要进一步树立温州意识，将温州的地方经济社会发展作为自己工作的立足点；要进一步树立高职意识，将高职人才培养作为我们的主要职能。二是要切实提高工作要求，在自我要求上实现"从无到有"向"从有到好"的转变。要进一步发扬创业精神，进一步发扬精益求精的作风，进一步树立追求卓越的勇气和气概。三要拓展活动的领域，实现走出温州、走向浙江、走向全国、走向世界的转变。要加强与政府的联系，加强与部门的联系，加强与企业行业的联系，加强与兄弟院校和专家的联系，不断拓展我们的活动空间，争取更多的社会资源。

2.加快学院规范化建设的步伐

规范化问题是一个学校是否成熟的主要标志。我院的规范化建设是"十一五"遗留的历史任务。从学院筹建之初，我们就提出了规范化建设目标，至今已走过很长时间。上次我和教育局的同志到上海、宁波考察，发现上海工艺美术学院用了3～4年的时间就建成了全国示范高职，宁波大红鹰学校用了3～4年的时间就升格为本科学院，而我们的规范化建设的目标还远没有完成。

那么规范化建设问题还有哪些呢？我想主要是三个：一是规范化建设的任务问题。这是针对工作目标而言的。我们要实现以下三大目标：必须在今年通过平安校园建设评估，必须在明年下半年通过人才培养水平评估，学院所有的专业要通过专业建设评估。希望学院各有关部门分工负责、密切合作，认真制订并实施评估工作的实施方案，努力做好迎评工作。二是规范化建设的制度问题。这是针对制度建设而言的。这几年我们出台了许多制度，但是以下三方面的制度还不够完善：第一，权力运行的有关制度。特别是有关学术权利、民主权力的相关制度不健全；第二，项目运行的有关制度。特别是学院的建设项目、科研项目、教学项目的确立和实施的有关制度不健全；第三，组织运行的有关制度。特别是研究所、教研室、工会、纪检、审计等有关方面的制度还不健全。三是规范化的运行问题。这是指规范化制度运行而言的。目前，我们规范化办事、按制度办事的习惯还没有养成,许多人对制度政策的学习还没有到位,执行制度政策的自觉性和工作力度还不大。

（四）关于学院新时期深化改革的问题

这次国家中长期教育与改革规划纲要明确提出,要建立中国特色的现代大学制度,落实和扩大学校办学自主权,要深化办学体制、管理体制等方面的改革,为学院的改革指明了方向,也增加了很多活动的空间。结合实际,"十二五"时期学院在以下几个方面要切实加大改革的力度。

1.加大机构改革力度

总体的思路是精简机构,精减人员,提高效率。要积极探索事业运作专业化、党政管理综合化、后勤管理社会化。

2.加大干部人事及分配制度改革力度

总体思路是优化结构,提高水平,激发教职工工作的积极性。一要改革人才引进制度,下一步人才引进要以博士和学科带头人为主;二要加强用人制度改革,主要是岗位的设置与聘任问题;三要加强考核制度的改革,重点建立岗位目标责任制和工作绩效评价机制;四要加强分配制度改革。

3.加大治理结构改革力度

总体思路是在坚持党委领导下的校长负责制的前提下,完善议事规则和决策程序。要科学界定党委、院长的职权,学术组织、教职工代表大会的职权,分管、分级管理的职权,强化学院两级管理制度,进一步推行院务公开。

4.加大合作办学制度建设力度

总体思路是拓展办学领域和资源,促进工学结合和校企合作,提高办学水平。重点做好三个方面的工作:一是进一步争取政府和行业对办学的支持,特别是建立农类职业院校或行业特色院校一定要争取农业主管部门和行业的支持;二是在中外合作办学上要有所突破;三是加强校企合作问题,建立校企共赢互利、可持续发展的新机制。

（2010年8月18日在暑期中层干部学习会上的讲话）

围绕"三农"发挥优势力争"十二五"实现六个突破

围绕特色院校建设目标,"十二五"期间我们要在以下六个方面有所突破。

一、发挥优势,突出特色,在一流农类院校建设上有所突破

"十二五"期间,学院全日制在校生规模要达到7000人,其中农类专业学生达到3000人。学院要成为全省农类专业数最多、学生规模最大、教学质量最好的高职院校。

要充分发挥农科教一体化、农业科研、社会服务的优势,促进农类专业教学质量的提高。加大高职农类特色人才培养的力度,创建特色专业、品牌专业。加大人才培养模式改革力度,提高人才培养质量。加大内涵建设力度,强化师资队伍建设、专业建设、实验实训基地建设、课程建设等工作。加大农类教科研工作力度,加强高职教育理论研究,提升教科研立项水平和成果档次,多出成果,有所突破。

二、挖掘潜力,提升水平,在区域性科研强院建设上有所突破

我们要继承农科院优秀的科研传统,进一步发挥水稻育种研究等科研优势,大幅提升科研自主创新能力,建设省内领先的区域性农业科研强院。

要拓展研究领域,完善科研结构。大力拓展哲学社会科学领域和非农自然科学领域。建立分类指导、专兼结合的研究体系,创建各类科研所、研究室。

要突出科研重点,谋求科研优势。围绕区域经济结构调整与产业发展,加强产业行业关键共性难题技术科研攻关。加强科技成果自主创新,提升科研成果产出率和市场占有率。加强科研成果为社会主义新农村建设、"两

区"建设和农业生产重点领域服务。

要加强平台建设,提升科研水平。加强浙南作物育种省级重点实验室、温州市农产品质量安全重点实验室的建设。建成设施蔬菜工程技术中心、禽类养殖技术重点实验室、食品加工重点实验室等。将上成基地、梧田基地建成高水平的科技示范和公共教育窗口。

三、立足"三农",打造品牌,在服务型院校建设上有所突破

要加大为农业、农村、农民服务力度。积极参与全市粮食生产功能区建设、现代农业园区建设和新一轮"菜篮子"基地建设。加强科技成果示范与推广。在省内外辐射推广新品种、新技术面积 500 万亩以上,开展规模科技服务 200 次以上,培训、指导人员 5 万人次以上。

要以农业流动总医院为平台,继续实施"百千万工程",即百名专家带领千名学生服务万计农民。

要立足全民教育,大力发展成教培训事业。参与"国家农村劳动力转移培训工程"和"农村实用人才培训工程",发挥"浙江省现代农业技术培训基地"、"温州市农村干部与农民培训中心"等平台的作用,开展各类技能培训,到"十二五"末培训"三农"从业人员 1 万人次以上。要搭建中职、高职、本科"立交桥"教育平台,加速推进中高职、本科人才一体化培养。加强与南京农业大学等知名院校合作,联合培养本科、研究生等高学历农类专业人才。

要立足产业发展,大力发展职业技能鉴定工作。充分发挥"国家职业技能鉴定所"、"全国跟单员考点和培训基地"等平台的作用,到"十二五"末职业技能培训与鉴定达 1 万人次以上。

四、创新模式,先行先试,在农类创业型院校建设上有所突破

要更新教育观念,大胆探索,促进创业教育的转型升级,大力培养具有创业创新精神的人才,创建省内领先的农类高职创业型院校。

要强化创业教育的顶层设计。充分利用学院在创业教育方面的科研优势,推进具有自主知识产权的科研成果产业化。通过整合政府、产业、学校资源,鼓励支持全院师生参与创业,营造浓厚的创业文化氛围,构建"师导生创"的创业型院校。

要加强创业载体建设。坚持"以就业为导向,创业带动就业"的工作思路,建成创业培训平台 10 个以上。发挥"浙江省小企业创业基地"等创业平

台优势,引导发展创意创业项目,孵化创意创业项目 30 个以上。

要深化创业模式改革。探索创业教育与专业教育融合的试点工作,推进创业教育由技能型向素质型转型。完善"导师＋项目＋团队＋基地＋农户"的创业教育模式,逐步形成特色鲜明的农类高职创业型院校。

五、面向社会,开门办学,在社会型院校建设上有所突破

进一步强化高校意识、社会意识、温州意识,面向社会开门办学、开放办学,强化校地合作交流,提高服务地方发展的能力和水平。

推进学校、政府、企业、行业共建教学、科研和服务平台。做好"苍南台湾农民创业园"、"瑞安农业科技服务创新中心"等校地共建平台工作。

面向农业龙头企业、种养大户、涉农行业,建立农业科研成果与农产品交流展示中心。面向一线技术人员与广大农民,加强信息共享平台、技术咨询与服务平台建设。

提高学院的教育文化资源开放度,主动热情地向社区、中小学、部门行业开放学校的体育场所、文化设施和图书资源等,服务于温州文化大市建设。

六、以人为本,统筹发展,在和谐院校建设上有所突破

坚持教学以学生为本、办学以教师为本的思想理念,以学生、教师与学校的和谐发展为目标,创建绿色和谐美好家园。

在和谐校园建设方面,要注重安全,深化平安校园建设,确保学校安全稳定。要加强服务,创建学生满意的学校。构建强大的学生管理平台,重视大学生思想道德素质培养,建立大学生心理健康研究所,关注学生心理健康,提升大学生综合素质。改善学生学习、生活条件。要关注民生,改善教职工工作生活条件。改善教职工办公、住房和文体活动条件。增强经济实力,改善教职工福利待遇。完善民主管理体制,保障教职工政治权益。加强精神文明建设,关心教职工身心健康。关心离退休工作人员的生活,关心临聘人员的工作和生活。

在校园文化建设方面,要打造特色鲜明、品味高尚的高校形象,努力实现校园物质文化、精神文化和制度文化的全面、协调发展,形成独具农类办学特色、高职教育特点和鲜明时代特征的校园文化。

在校园基本建设方面,要坚持科学、绿色、生态的原则,高质量完成校园二期、三期和实验实训基地的建设。"十二五"期间,将投资 4.5 亿元建设实

验实训楼、学生宿舍、学生食堂、科研大楼等工程项目超 10 万平方米，建成上成基地 128 亩。要坚持环保、低碳、节约的原则，全面推进水电节能化、办公无纸化、能源清洁化工作。

（2011 年 2 月 19 日一届三次教代会工作报告）

解读高职教育现状与问题
把握农类高职发展规律

一、对当前高职教育的分析与评价

我国的高等职业教育,在改革开放之前是相对落后的。改革开放初期,为了有效地解决地方应用型人才严重匮乏和高等教育资源严重短缺问题,部分城市举办了一批以"收费、走读、不包分配"为主要特点的地方短期职业大学,率先打出了"高等职业教育"的旗帜。1985 年,《中共中央关于教育体制改革的决定》明确要求,积极发展高等职业教育技术院校,改变专科、本科比例不合理的状况。到了 1996 年,《中华人民共和国职业教育法》颁布,明确了高等职业教育和高等职业学校的法律地位。

至今高等职业教育已经走过了 20 多年的历史进程,这个历程可以说是从举旗起步到法律地位的确认,从规模扩张到发展方向的确定,从示范引领到全面质量提升的发展历程。20 多年的高等职业教育到底取得哪些主要成绩,还存在哪些问题,这些问题的根源是什么? 我认为有必要对这些问题进行认真的分析和评价,这也是我们开展教育思想大讨论的一个大前提。

(一)取得的重大成就

高等职业教育发展 20 多年来,取得了四方面重大成就。

第一个成就是解决了"就学难"问题。1978 年我国的高等教育毛入学率只有 1.55%,到了 2012 年,高等教育的毛入学率已经达到了 30%,也就是说在短短的 20 多年时间里,中国的高等教育从精英教育走向了大众化教育阶段。

我国高等教育院校现在有 2000 多所,其中高职学校就有 1280 所。到 2012 年,中国高等院校的在校生规模已经达到了 3325 万人,是 1998 年的

4.2倍,这个发展速度可以说是惊人的。而高等职业院校的学生,以2011年为例,已经达到了325万人,高职学校数量占普通高校总数的60%,占普通高校招生总数的47.7%,高等职业教育占了高等教育的"半壁江山"。高等职业院校对中国高等教育从精英化到大众化的实现做出了历史性的贡献,解决了"就学难"问题,这个成绩是非常了不起的。

第二个成就是提出了就业导向的教育思想。在高等教育大众化的背景下,原来的高职院校从理想走向了现实,职业导向的教育思想也带动了高校的教育改革。就业导向不仅仅是我们高职学校做,就业导向的思想还深刻地影响了中国整体的高等教育。现在本科教育基本上也要吸收就业导向这种思想理念,要培养学生的动手能力,以素质为本,以能力为核心。所以我个人认为,高等职业教育提出的就业导向思想是对高等教育思想理念的一大历史性贡献、一大理论贡献。

第三个成就是获得了高素质技能型人才培养的一系列比较成熟的经验。高等职业教育对技能型人才的培养,对工科类人才的培养,对中国制造业大国的建设作出了重要贡献。高等职业教育经常说的校企合作、工学结合、顶岗实习、基于工作过程的课程改革、双师型师资队伍建设等等,对高素质技能型人才的培养提出了一整套的措施要求,我认为这些措施和工作办法都是相当成熟的。也就是说,我们在教育教学这一块,提供了历史性的经验。

第四个成就是开始重视专业建设、课程建设以及教育质量的提升。我们当初说的专业建设、课程建设、教育质量提升等,到今天已经完成了从形到神的转变,逐步走上正确发展的轨道。

(二)存在的问题

我认为当前高等职业院校发展存在四个方面的问题。

第一个问题,是高等职业院校的同质化。

高等职业院校几乎是千校一面,甚至可以说其他的本科学校也有同质化现象。尤其现在很多学校走上了低成本扩张、多学科综合发展的道路,导致高职院校失去自身的特色和优势,没有了自身的灵魂和个性。

我们当年的中专(温州农校),最初的一年招了1200多名学生,但是农类专业的学生可能只有两三百个,只占招生人数的10%~20%。又如现在有些农类大学招收的农林类学生人数极少,一些医科类院校也开设"市场营销"等不是他们优势和特色的专业等等。

第二个问题,是高等职业院校学生的质量不太理想。

我们的学生低水平就业,专业对口率较低,走向社会最低端的劳动力市场,和中职毕业生没什么区别,甚至和农民工没什么差别。

这几年到我们学院来进行订单培养、要摆摊招学生的企业,他们的起步工资很多低于2000元。前几年我对就业处的同志说,以后工资低于2000元的企业就不要让他进来招人了。

这里我提供一个"麦可思"2011年数据:我省高职2011届毕业生工作与职业的相关度只有61%,半年后的月收入平均为2700元。按道理说,职业教育毕业生的职业对口率、职业相关度应当是相当高的,但事实上却很低,工资也很低。有些人说,高职学校的毕业生就业率达到95%以上,一个学生三个岗位要,实际上那是把学生当打工仔一样看待。

高等职业教育的质量并没有真正得到社会认可,我们的学生没有得到和他学历相称的比较体面的就业工作岗位,这是当前高职教育存在的第二个问题。

第三个问题,是高等职业院校精神的丧失。

现在的高等职业院校是大学吗?实际上它和大学离得越来越远。很多学校已经沦落为培训的场所。三年的教育,有的学校达不到两年,我们学院算不错了,有两年半。学生在学校失去了主体地位,学校招生办学是为了谋利。大家知道,高等职业学校在扩张的时候,自己要筹资贷款建房,欠下的钱只能通过招生来偿还。所以说学校沦落为培训的场所,与学生争夺利益,导致了高等职业院校精神的沦丧。

第四个问题,是高等职业院校发展方向较模糊。

我们高等职业教育到底要走向何处?以我的理解,现在有四种隐隐约约的提法。

一是要创建"世界一流"的高职院校。

这种提法前几年有些地方讲得很响,但要办"世界一流"的高职院校,存在两个问题:1."世界一流"的高职院校有没有标准来衡量?我们知道,大学是有排名的,世界一流大学前五十名前一百名,有很多依据进行排定。但我们要创建"世界一流"的高职院校,由什么标准来确定?有什么目标去努力?2.中国说要办"世界一流"的高职院校,但美国、日本、德国等都不讲,他们只有一流的高校,而不会说一流的高职院校,他们对"一流高职院校"的概念都没有。因此我们所说的"世界一流",实际上是一厢情愿的,模糊不清的。

二是要走"国际化"发展道路。

"国际化"发展道路能不能走？我个人认为是走不出去也进不来的。

1.为什么我们的学生走不出去？我前段时间到美国学习的经历对我思想触动很大。进入美国海关的时候,有为中国留学生专门开辟的入关绿色通道,有专人为他们指导并率先办理相关手续,而对入关的官员却没有这种"待遇"。为什么留学生能够优先入关？因为中国的留学生在美国人的眼中是人才,美国人招募世界英才到美国,为他们大开通道。我们的高职学生去要不要？显然不要,连大使馆的签证都不会通过。为什么？因为美国政府认为高职学生进入美国就会占据他的劳动力市场,低端劳动力他是不要的。

2.为什么国外留学生进不来？假如说我们的学校要国际化,外国的学生到中国留学,会进入高职院校吗？显然也不可能。回顾外国留学生在中国的历史,最早进来的是农业类留学生,后来是医学类留学生,再后来是文学类学中文的留学生。农业类、医学类留学生都是第三世界国家的黑人。现在中国提出来要把中国办成亚洲的留学生中心、外国留学生数量第一留学国家。首先他们进来想读的是什么？想读的都是清华、北大、交大,而我们温州科技职业学院,想想人家可能不会来读。所以我想讲的就是,现在提出的"国际化"高职院校,这条路显然是非常难走的。

三是要集团化办学。

前段时间教育部也在筹备集团化办学的相关文件,其思想初衷是好的,希望能够通过集团化办学的途径,来解决当前高职教育所面临的具体问题。这些问题能够解决吗？我们高等教育发展到今天,内部的问题实际上已经解决得差不多了,现在面临的问题,体制内是永远无法解决的。因此,这条路实际上也很难走。

四是要升本科,开展研究生教育。

高职想升本科,开展研究生教育,想有本科的高职,更想有自己研究生的高职。高职院校是职业类的大学,有职业类的高职院校,为什么不能有职业类的本科、职业类的研究生？但我个人估计,这也是一厢情愿的。

总之,我个人认为,当前我国高职教育以上四大方向是比较模糊的,而且问题愈来愈突出。

(三)问题产生的根源

问题产生的根源之一,在理论上割断了高职教育的历史。高等职业教育提出了"类型论",高等职业教育是一种类型的教育,是一大发明。但是这种"类型"的理论,具有很强的排他性和不兼容性。它的教育思想来自黄炎培早期的职业教育思想，来自西方培训教育思想（中职教育），来自近十年高职教育积累的经验。反过来看，这种理论实际上不是一个高职教育理论，而是一个彻头彻尾的培训理论。

大家知道，高职教育从西方开始发展到现在已经有几百年历史。假如我们从1904年开始应用黄炎培的理论，到今天也有百年历史。而如今我们说高职教育发展才20多年，那么我们前段时间在干什么，从1904年到20多年前的高职教育历史到哪里去了？就没有了。人为割断了高职教育的发展历史，标新立异，这是一个重大的问题。

所以说到今天，我们的高职教育并没有形成自身的理论体系，很多方面实际上是专家的一种认识，却被当成了现在的理论。

问题产生的根源之二，在培养目标和途径上以偏概全。我们现在在高等职业教育理论实践过程中，都是把技能型人才培养目标、途径和方法进行盲目推广，我说是错把经验当理念，甚至当成了理论。

前几年我们搞的校企合作、工学结合、顶岗实习等等，我承认那一套是工科类人才培养和技能型人才培养的经验成熟的做法。但是这种成熟的经验做法，是不是能够推广到其他门类的人才培养上呢？我们都知道，中国的高职院校专业非常复杂，人才培养类型也是多样的。我请教过一些高职教育理论专家和高职院校校长，问外国有没有语言类的高等职业教育，有没有文科类的高等职业教育？实际上是没有的，职业教育基本上是工科类技能型人才培养。但中国的高职院校，我没有很好地计算，工科类技能型人才培养占比不知道有没有三分之一，60%都是文科专业。

就人才培养而言，我们现在至少有四种类型的人才划分：技能型人才、技术型人才、工程型人才、学术型人才。技能型人才的培养，实际上是从外国的工科类人才培养中总结经验和做法。技术型人才的培养，应当从医生、教师人才培养中总结经验。大家认为工科类的职业教育很成功，我认为实际上，中国以前对医生、教师的培养更加成功。学术型人才的培养，应当从硕士、博士、博士后的人才培养中总结经验。工程型人才是介于技术型人才和学术型人才中间的。不同的人才类型应当有不同的人才培养模式和方法。

这几年有关高职教育的文件，都在讲工学结合、顶岗实习、基于工作过程的课程改革等等，所以说我们在培养目标和途径上以偏概全，把技能型人才的培养目标、途径和方法盲目地推广到其他门类人才的培养上。

问题产生的根源之三，在人才培养上忽视了人的进步和发展。就是没有很好地处理当前就业和下一步岗位迁移以及未来发展三者之间的关系。

1.过分强调就业。把就业导向当成了就业主线和教育主线。我们说高等职业教育提出来的就业导向是一大理论贡献，但是把就业导向当成教育学生的主线，那就麻烦了。

2.过分强调培养一技之长。觉得高职学生能够培养一技之长，能够获得谋生的手段就够了，知识理论体系可以不要完善，但是动手能力一定要强，过分强调一技之长的培养。但说穿了，对一个人一技之长的培养需要多少时间？有的只要一个星期，有的只要一个月，有的只要一年。我们高职教育是三年时间，就去培养一技之长？显然很荒唐。

3.过分强调基于工作过程的课程改革和课程建设。前几年如果要编一本教材，要在教育界立一个课题，不讲基于工作过程的话基本没戏。前些年我和王阳副书记也立了一个课题，是关于农类人才培养模式方面的研究问题。在立项过程中我发现，当时的课题清单中，有"基于工作过程"这几个字的占到课题总数的 70%～80%。可见，有多强调基于工作过程的课程改革和课程建设。

问题产生的根源之四，高等职业教育发展的三个关键问题没有得到根本解决。高等职业教育有三个核心的问题没有解决。

教育的起点问题。高等职业教育讲的是就业导向，就业导向的下一步是岗位导向。所以下一步学院的改革要再进一步，把就业导向演变成岗位导向。从本质上来说，高等职业教育的起点是什么？实际上是企业的订单导向。我们看台湾的高职教育也好，外国先进资本主义国家的职业教育也好，他们的职业教育就是以订单为导向，而我们现在仅仅是做到了以就业为导向。

教育的标准问题。没有统一的标准，也就是说对职业教育的核心能力标准、学生的待遇标准和教育标准缺乏针对性研究。对企业来说，他的工作岗位应该有一定的标准；相对于这种工作岗位，我们的教学应该制定一定的标准；学生完成学业走上社会，工资待遇应该有一定的标准。这三大标准应该是相统一的，企业、行业、政府、学校四者之间应该达成共识、共订、共认、共行。

这个问题不解决，从本质上来说，职业教育变成了学校一家的职业教育，而不是社会政府的职业教育，学校的教育一定程度上来说带有盲目性。

教育的立交桥问题。也就是中职教育和高职教育的衔接、高职教育和本科教育的衔接问题。人的一生，从接受初级教育到继续高等教育之间的立交桥,在中国是不通的。为什么不通?因为没有统一的课程标准,中高级教育之间不可比、不可认。所以现在要提中高职教育和本科教育的立交桥怎么样打通,使高等职业教育成为人终身教育的一个部分。外国的学校,今天读了设计学院后,明天就可以读本科,他的中高级教育是互动的,路是通的。而在中国则是封闭式的,中职上了就把中职作为终极教育,高职上了就把高职作为终极教育。

问题产生的根源之五,在管理上教育行政化严重。

1.重学校轻专业。

过于重视国家示范性院校、国家骨干院校的建设,而没能把发展和建设的重点放到专业建设、专业结构的形成和专业龙头的发挥上。办了很多年学校的人,都很想成为骨干院校、示范性院校。听说个别高职院校在评骨干院校时,竟然需要请三个权威部门的领导出面才成功;之前另一所高职院校申请成为示范性院校没有成功,失落了好一阵子。这就是过分重视示范性院校建设,忽视了专业建设。

我个人理解,真正的职业教育一定要把好专业建设关。职业教育适宜于技术型人才的培养和技能型人才的培养,对其他类型的人才,比如语言类、文科类,实际上是不适宜的。教育的专业结构关、专业层次关,比如哪些专业应当是本科办,哪些专业应当是专科办,哪些专业应当是中职办,这些关把得不科学。看看我们现在的中职专业、高职专业和本科专业,名称上基本没有什么区别。从实际来说,不同的岗位,它的教育层次应当是不同的,有的不能办,办了也没用。

2.重类型轻层次。

过于强调类型特征,忽视教育的层次特点。

3.重就业轻质量。

过于强调就业率,忽视学生体面就业。高职学校的校长盲目地认为,本科院校就业率很低,高职院校就业率很高。但这个好是真好吗?实际上很多都是打工仔。

4.重统一轻特色。

过于强调标准化建设,实际上采用的是中小学管理办法。前些年我很反对搞精品课程建设、示范性院校建设等。示范性院校、骨干院校建设实际上是从中小学开始的。中小学有示范性学校、骨干学校,有精品课程、标准化课程,因为他们是千篇一律的,国家采取统一的教材、统一的标准,甚至采用统一的考试模式。而高职院校是千差万别的,用中小学管理模式来管理我们的高职院校,必然存在着很多问题。

从上述的分析可以看到,高职教育发展几十年来,从当年的艰难起步到信心满满,再到张狂自大,现在又回归到迷惘困惑时期。最近我们都在反思高等职业教育怎么办。我们为什么走向困惑,为什么要进行反思? 我个人认为,是我们这批人对高等职业教育三大最基本问题的认识、理解发生了非常大的偏差。

二、正确分析认识高等职业教育的三大基本问题

(一)什么是高校? 我们应该建设一个什么样的高校?

1.什么是高校? 我个人认为,可以从三个视角来看。

(1)高校是教育行政部门。

从行政部门角度来讲,高校是实施高等教育的学校,是授权颁发学历文凭的机关。

(2)高校是社会的高校。

从社会发展角度来讲,高校是推动人类社会进步和最大限度满足学生发展需要的场所。

高校是产出知识的地方,要探索未知世界,产生新思想,推动社会的变革;

高校是产出智慧的地方,要做好政府的参谋,当好政府的智库;

高校是产出技术的地方,要为产业转型升级、企业效率提升提供支撑;

高校是提供人才的地方,要为社会培养高素质劳动者;

高校是教育的地方,要满足学生发展需要,满足人们求知、求术、求道的需要。

所以我个人理解,高校是社会性的高校,不仅仅是发学历证书的地方那么简单。高校首先体现在"高","高"体现在它的很多产出能满足人类社会发展和人的发展需求。

(3)高校的自我认识决定什么是高校。

高校是高端人才聚集的地方,是大师集聚的场所。高校的形成就是高端人才集聚的结果,大师的集聚才产生高校,所以全社会都很尊重高校的老师。

高校的自我认知是什么? 它是培养"完人"的地方。高校要培养"完人",也就是各方面全面发展的人,这永远是高校的理想追求和梦想。高校要坚守自己的理想和道德高地。

如何认识高校？它是学术自由的场所。高校追求自由，对学校、对校长来说，追求的是大学的自主权；对老师来说，追求的是学术自由，要探索未知，追求真理，百家争鸣、百花齐放。这才是真正的高校，我心目中的高校。

2. 我们应该建设一个什么样的高校？

要办好一个学校，除了对高校有深刻的理解之外，还要把握四个方面要求。

(1)高校的历史使命

从社会的需求情况来看，高校的历史使命主要指三大块，即不断探索未知的世界，创造知识；最大程度满足经济社会发展的需要，提供经济社会发展的产品；最大程度满足学生发展的需要。

(2)高校的职能

高校的职能就是人才培养、科学研究和社会服务，现在又多了一条文化传承，有了第四大职能。总的来说，高校职能的拓展，是经济社会发展的必然。有的老师讲，高校只有三大职能，没有第四大，那是不对的。从高校整个的历史发展角度来看，它的职能会不断完善和拓展。

对我们学院来说，职能的拓展，也是历史必然，从单一走向多功能，也反映了学校整个建设历程，从低级走向高级，从不成熟走向成熟。大家知道，学院刚刚办成的时候，我们有科研，后来有了教学，再后来社会服务搞得也不错，文化传承也在不断地做。开始的时候，大家认为矛盾很多，担忧科研和教学等互相之间的许多矛盾怎么解决。但后来慢慢地走向协调，再走向互相促进的阶段，这反映了学院发展的历程，也反映了学院发育成熟的程度。

(3)高校的发展模式

一个学校发展模式的选定有它历史的基础、现实的选择，与高校领导人的思想息息相关。我个人理解，高校在发展的过程中，基本上有四种类型。

一是单一的学科综合化发展模式。注重教育、学历、多学科发展，比如浙江东方职业技术学院等，基本上以教学为主。

二是双轮驱动发展模式。除了高等职业教育以外，还承担很多社会培训方面的工作。

三是多功能发展模式。在人才培养、科学研究、社会服务等方面开展多功能发展模式，就像我们温州科技职业学院的农科教育一体化模式。

四是产业发展模式。像浙江工贸职业技术学院，把教育当成产业去发展,除了教育还办了很多公司。

从总体上来说,学校的发展,不管从什么阶段开始,最终都会走上高校职能所要求的多功能、综合性的发展之路。前几年很多人认为高校不要搞科研,但现在认为高校一定要搞科研。我记得前几年有些高职院校还只强调产学,不讲研。我当时就说,不是不讲研,是高职院校没资格谈研。而现在,已经到了非常重视科学研究的程度,学校的发展必须要走向功能多样化的综合发展之路。

(4)高校的特色发展。

对所有大学来说,高校的使命和职能都是相同的,但学校的办学特色和发展模式却是千姿百态。我个人认为,学校的办学特色主要体现在层次类型特色、地方特色、行业特色、专业特色、学校自身办学特色和培养学生特色。

这几年我们也提出了走自己特色发展之路,就是农科教一体化特色。要把学院办成温州的特色高职院校,优先解决温州的发展;要把学院建成具有农类专业特色,把学生培养成在农类部门有优势、对解决"三农"问题特有办法、对"三农"工作特有感情;要有很强的创业教育特色,这些都是我们所期盼和渴求的。我们的特色就是我们的优势,特色决定了一个学校的社会地位。特色需要凝练,也需要培育,需要我们在学院的建设发展历程中坚持和坚守。

希望大家一定要加深对高校本质的认识,对高校的历史使命、职能、发展道路以及发展特色的认识。

(二)要培养什么样的学生?

培养学生是高校的第一大历史使命,也是一个永恒的课题。

1.人才培养目标

(1)定义

培养学生首先要明白人才培养目标。人才培养目标是教育活动的基本出发点和最终目的,它规定了培养人才的基本规格和标准,对教与学双方具有极强的导向性,它不仅是人才培养的蓝图,也是课程计划、教学内容和方法及教学评估的核心。它包含几层意思:①人才培养目标是教育的出发点;②人才培养目标是设计人才培养方案的蓝图;③人才培养目标是教育的最终目的;④人才培养目标是教学活动开展的核心。总之,人才培养目标在教和学中具有中心、核心的地位。

（2）层次

人才培养目标有三个层次。

宏观方面。体现为教育的总体目标，比如说培养社会主义事业的接班人、培养德智体美劳各方面都优秀的杰出的人，等等。

中观方面。体现为人才类型的培养目标和学校的特色目标。人才类型的培养目标，比如说技能型人才、高端技能型人才、技术型人才、高端技术型人才、应用型人才等等。学校的特色目标，就是学校希望培养的学生有特色，能体现自己的校训。比如说浙大的校训是求是创新，他们希望求是创新的精神体现在所有毕业生身上；浙江农林大学特别注重生态绿色，他希望自己培养的学生特别关注生态绿色。我们学院希望培养的学生对"三农"特有感情，解决"三农"问题特有办法。

微观方面。具体体现在专业岗位人才的培养目标上，也就是教学计划、人才培养大纲中明确提出的人才培养目标。微观目标是一个实施目标。

2.人才培养目标确立的依据

人才培养目标由特定社会领域和特定社会层次的需要所决定，随着受教育对象所处的学校类型、级别而变化。从理论和需求上分析，人才培养目标由两方面因素决定。

（1）外部因素，也就是社会需求。主要有四个：①政治因素。国家要求培养"两个人"，一个是社会主义事业的接班人，一个是赶快就业的人。中国今年有699万毕业生，前段时间从总书记到总理到基层，一级一级都非常关心大学生就业。②经济社会发展需求。它需要高校提供满足经济社会发展需要的高素质劳动力。③学生的要求。学生希望在三年时间中能够学到自己想学到的东西，要有助于就业和成才。④家长的要求。家长希望学生在学校能够健康成长和成才。

（2）内部因素。我认为也有四个：①与办学者的教学思想有关。②与教育的层次有关。是中职教育、高职教育、本科教育还是研究生教育？不同的教育层次，人才培养目标不同。③与教育类型有关。是学历教育还是非学历教育，是培训教育还是就业教育等等。④与专业类型有关。

3.人才培养目标谁来提出？怎样提出？

人才培养目标不是由国家决定，也不是由学校决定，最终要落在专业主任身上、专业设计者身上。这个目标的确定要考虑三方面因素：一要考虑内、外因两大因素；二要考虑体现宏观、中观目标要求；三要思考在结合前面两者的基础上，根据专业特点制定具体的人才培养实施目标。

（三）什么是教育质量？如何提升教育质量？

1.什么是教育质量？

《教育大辞典》中写道，教育质量是指"教育水平高低和效果优劣的程度"，"最终体现在培养对象的质量上"，"衡量的标准是教育目的和各级各类学校的培养目标"。教育质量的载体是学生，反映学生水平的高低，也反映学校教育目标的实现。教育质量由社会、国家和学校自己来评价。

2.怎样评价一个学校的教育质量？

现在的"麦可思"报告就是对高职教育质量的一种评价方式。武书连对高职教育也给出了一个评价标准。很简单，他认为学校的教育质量由学生的入学分数和教师的学术水平决定的。但我个人认为，评价教育质量的高低，要看五个方面。

第一，历史评价。要看这个学校所有的毕业生在社会经济文化发展中起到的历史作用。一看他们对社会的贡献有多大，二看他们在社会中的地位有多高。杜玉波部长讲过学校的教育质量评定问题，他说："要以长远的眼光、历史的视野看它培养出什么样的杰出人才，看它对国家、民族所作的贡献，看它对推进人类文明进步所产生的影响"。清华、北大都是有名望的学校，它们的名望是长期历史形成的评价。想想当年的农校，从上世纪80年代恢复招生开始，培养的学生现在很多当上了领导干部和企业家，对推动温州经济社会发展起了很大作用，原来农校的教学质量应当说非常好。

第二，现实评价。一是毕业生走向社会受不受欢迎；二是毕业生能否体面就业，是否得到很好的工资回报；三是毕业生在用人单位是不是好用、管用。

第三，比较评价。就是高校间的互相比较与评价，比如说比学校的统考成绩、学生的技能竞赛、学生的作品，比有没有杰出学生代表，等等。

第四，学生对学校的评价。就是学生对教学质量的自我认可程度，对自己学校的认可程度。杜玉波部长有句话："要强化以学生评价为先的理念，把学生评价作为衡量教育教学质量的重要依据。"学生对学校的教育评价是最重要的一个环节。

第五，学校内部评价。就是我们在整个教学活动中是否能很好地实现教学目标。内部评价包括：①对老师的评价：学生成绩怎么样等；②对专业主任的评价：教学工作是不是实现了原来设计的目标；③对教务处教育质量方面的管理评价：教学计划是不是得到很好落实等。

3. 什么因素决定我们的教育质量?

教育质量主要由7方面因素决定:第一,专业设置决定教育质量。我们培养人才首先要培养社会必须的人才。前些年温州职业技术学院让我感触最深的是,他的很多专业是温州经济发展需求较紧迫的专业,比如模具专业、制鞋专业、服装专业等。所以首先专业要设置好,学院和系主任要一起把好这个关。

第二,培养方案设计决定教育质量。学校选择的专业办得好不好,第一关就是人才培养方案设计。人才培养方案能否实现原来专业人才的培养目标,这个应当是系主任、专业主任去把关、去做。下一步,我们学院针对如何搞好人才培养方案设计,要出台相关文件。

第三,课程标准决定教育质量。人才培养方案设计好后,实施人才培养目标的实际上是课程体系,就是整个的课程设计。

第四,教师水平决定教育质量。课程要教师来上,教师没水平,方案设计得再好、选择的教学内容再好,也达不到人才教育培养的效果,所以教师一定要学会教书和育人。教师在教育质量提升当中具有不可替代的作用。

第五,教学条件决定教育质量。教学过程中如果缺乏应有的实验实训条件和场所,那么人才培养方案设计的很多教学内容就不能很好地得到实施。

第六,质量保障体系决定教育质量。我们已出台很多文件,形成了人才培养质量保障体系。在其保障下,我们的教育计划能够得到有效实施。

第七,学生基础决定教育质量。一是学生进来的水平怎么样决定了教育质量;二是学生学习的积极性、能动性和求学的愿望决定了教育质量。

三、关于实施第二轮教育质量提升工程的若干问题

教育质量提升工程对学校来说是一个永恒的课题,不会终结。学院自办学以来就非常重视教育质量的提升。

2008年我们召开过教育质量提升工程会议,做出了"加强内涵建设,提高教育质量"的决定,实施了学院第一轮教育质量提升工程。这个工程实施几年来,取得了很多成绩,建立了很多国家级、省级、市级的基地、专业、精品课程、教材等等,成绩斐然。但总体来看:(1)第一轮教育质量提升工程是一个"效仿工程":上面要求怎么做,我就怎么做;人家怎么做,我也学着怎么做。(2)第一轮教育质量提升工程是一个"练兵工程":在座的很多同志都是新手上路,初入高校战场,经历了锻炼。(3)第一轮教育质量提升工程是一个"探索工程"：开始有了自己的想法，特别是对人才培养模式改革、校企合作办学、创业教育、科研在专业特色上的作用等方面，进行了有益的尝试和探索。

（2013 年 6 月 5 日在教育质量提升工程动员大会上的讲话）

解读当前高职教育发展趋势
拓宽院校特色发展之路

一、当前高等职业教育的发展趋势

上个星期在丽水召开了浙江省高职教育研究会年会,会议邀请华师大职业教育与成人教育研究所所长石伟平教授、教育部职成司高职高专处处长林宇等人作报告,也邀请了很多高职院校领导、专家介绍高职教育的工作经验,听后很有启发。我认为高等职业教育的发展趋势有以下四点:

第一,高度重视职业教育体系的建设。最近国家在筹备召开全国电视职教工作会议,计划出台一系列有价值的政策措施,包括构建职业教育体系。这个体系立足于全民教育和终身教育,以人力资源强国为出发点,以中职教育、高职教育、本科教育为构成要素。以前高职院校很想争取高职升本,林宇处长在年会上明确说明,将继续坚持公办高职院校一律不予升本原则,高职的本科院校将会来源于独立院校、二级院校的升格,使之成为应用型本科。

第二,高度重视高等院校的建设和发展。现在高等院校的建设和发展碰到两大问题:一是经费保障问题。这次年会上明确提出,高职学生财政支持的力度,要达到东部地区人均14000元、西部地区人均12000元,保障力度非常大。二是生源保障问题。现在的高职院校录取率和报到率较低,保障生源本质上要拓宽生源渠道,拓宽高职的考试和录取渠道。林处长列举了6种考试和录用高职学生的途径:一是基于现有高考知识加上学校的技能考试,二是高职单招,三是面向中职的对口招生,四是五年一贯制招生,五是综合评价招生,六是高技能人才免试招考。

第三,高度重视学生的发展。要建立职业学校学生发展的通道,建立中职升高职、高职升本科、本科升专业硕士等向上的通道。原来实施的中职教育、高职教育,实际上都是针对岗位的终极教育。建立学生发展通道为职业学生的发展打开了学业上升的道路,意义重大。现在国家规定了普通高中、职业高中、普通大学、职业大学的学生数量,对学生的发展不公平。

第四,高度重视教育质量的提高。当前存在的问题是中职和高职学生的数量与质量很相近,因此,要重视提高高职学生教育的质量。有三种解决方法:一是相比以往重视学校建设,现在的情况是更加重视专业建设;二是相比以往重视学校评估,现在则更倾向于开展专业评估;三是重视人才培养的质量报告,每个学校、每个专业都要出台人才培养质量报告,向社会公开。

二、当前高等职业院校的发展趋势

主要强调四种发展趋势。一是重视特色发展,要解决千校一面和专业趋同问题。二是重视全面发展。明确高职要发展,不仅要做好高职学生的教育工作,还要做好社会培训等方面工作。三是重视专业发展,培养品牌专业,培养与社会需求对应的专业。昨天在市政府工作会议上陈金彪市长作的报告中指出,温州的高等职业教育,现在要调整学校和专业,换掉没用的专业,新增社会需要专业,培养对口人才。四是重视学生发展。要重视学生的优势就业和体面就业,培养精英学生。

三、当前学院建设发展的趋势

(一)基本跟上高等职业教育发展的步伐,站稳了脚跟

1.招生方面。今年学院的招生计划是2500人,实际录取2430人。农类学生招生计划数1002名,占全省农类计划总数的35.7%。录取的文科执行计划1014人,居全省高职院校计划数第5位,平行志愿投档最低分314分,比省分数线高出43分,考生名次号26879名,和去年基本持平,在全省47所高职院校中排名第30位。理科执行计划1091名,居全省高职院校计划数第11位,平行志愿投档最低分293分,比省分数线高出14分,考生名次号51334名,比去年提升3000多名,在全省47所高职院校中排名第31位。从录取的学生数和分数来说,基本上是不错的。从招生的角度讲,目前学院在高职院校当中,生存无忧。

2.教育质量方面。学院通过了教育部高等职业院校人才培养工作评估,获得很高评价。教育方面的制度建设实现规范化,培养的学生在全省高职院校当中处中等水平。

3.队伍建设方面。这几年学院进的博士比较多,师资队伍中硕、博士生的比例,在全省高职院校排名第三。教师水平提高较快,在全省居中上水平。

4.办学条件。几年来我院在三方面发生了根本性变化:

一是教育科研、学生住宿等方面条件;二是财务状况;三是院校职工的收入水平,基本处于社会平均水平偏上。

(二)工作中展示了优势,初步树立了形象

学院经过几年的发展,主要展示了五大优势。

1.体制优势。在整合社会资源用于院校发展方面,学院的农科教一体化呈现很大的体制优势。

2.科研优势。今年学院的科研经费总量和纵向在全省高职院校中均排名第一。去年是总量第三,纵向第一。

3.创业教育优势。学院的创业教育非常不错,来学习取经的人很多。谢志远副院长主持的《大学生创业教育转型发展研究》项目获得浙江省科学技术奖二等奖(初评),很不容易。

4.社会服务优势。如果社会服务方面的数据统计对比,我想我们学院肯定是全省高职第一。

5.后发优势。学院的建设理念、人才培养理念和管理理念比较先进,呈现了后发优势,避免了其他学校走过的弯路,也展示和树立了学院形象。目前主要树立了三个形象:一是新兴院校的形象,任何人都能感觉到我院的欣欣向荣、快速发展态势;二是特色院校形象;三是地方院校形象,学院承担着越来越多的政府工作任务。

(三)目前学院总体还是能力不足,贡献不够

1.难以满足社会发展的要求。现在市委市政府对学院的要求很多,部门对学院的要求也很多,但是我们在很多方面还难以满足或者高水平地满足社会的要求。

2.难以满足学生发展的要求。学院的生活、学习、教学等条件,相对于先进院校来说还有很大差距,难以满足学生更好地成才、成长要求。

3.难以满足教师发展的要求。

4.干部职工难以满足院校发展的要求。学院的设计、发展有很高的、宏伟的目标,但是我们的院领导、中层干部、其他教师和干部职工,还难以满足院校发展的要求。从当前来说,我们的科研、教育理念没有重大的、有影响

力的产出，教育没有好的平台、专业，理论研究没有高水平项目，起点和水平较低。很多人跟我说学院要去宣传，要扩大自己的影响，但我有很多顾忌，因为学院还未具备很高的水平，还在成长中，如果过度地宣传自己、挑战霸主地位显得不太理智。现在我们还需要卧薪尝胆，积蓄能量，加快自身发展步伐，真正提高实力。我非常期望再过两三年，我们真正取得成绩的时候，有足够的底气说话、宣传。

四、学院工作思路和下一步工作重点

从上面的分析可以看出，全国的职业教育实际上正处于一个理清思路、调整发展的阶段。对学院米说，也正处于一个转型升级、注重内涵建设、提高质量、加快发展的阶段。

总体来说，要做到三个"坚持"。

一是坚持发展目标不动摇。学院提出要建设农科教一体化的高职院校、农业特色院校、科研强院、区域性科研强院、社会性高职院校等等，这些提法符合高职教育发展要求，也符合社会发展对高校的要求。学院整体发展的顶层设计是科学、先进的。我们要统一思想，坚持发展目标不动摇，不怀疑。

二是坚持发展精神不动摇。学院现在进入转型升级的发展阶段，需要解决的是更加深层次的问题。以前的发展，很多是靠苦干、实干，而下一步的发展，不仅仅需要苦干和实干，更需要智慧和创新精神，难度较大。所以在现在以及未来一段时间，还需要领导、中层干部和全体教职工咬紧牙关不放松，继续努力工作。

三是坚持发展主题不动摇。不管怎么转型升级，发展都是首要任务，是学院工作的主题，是评判每个部门、每个人、每件事情的价值指标。我现在很担心学院发展到一定程度后，会忘记发展这个主题。国家也一样，原来邓小平说要坚持经济建设为中心一百年不动摇，发展是硬道理。但是中国发展到现在，很多人把发展是首要任务忘记了。

（2013 年 8 月 29 日在暑期中层干部会议上的讲话）

对学校建设发展的再认识与体会

一、关于学院建设发展的思想理念问题

建院以来,全院上下都非常用心用功,各项工作得到快速发展,可以说是成绩显著、社会认可度不断提高、自我感觉良好。

(1)成绩显著

①农类特色的高职院校基本形成。在全省高职院校中农类专业数最多、招生最多、学生最多。

②科研工作在全省高职院校中处于领先水平。纵向科研经费连续几年第一,成果第一。

③人才队伍建设走在全省高职院校前列。硕士研究生、博士研究生、各类人才数可排全省高职院校前三。

④农业社会服务处于全国农类院校先进水平。

⑤创业教育处于全国或全省先进水平。

(2)社会认可度提高

①专家的认可程度提高。杨应菘教授认为我院是高职教育的一匹黑马;书记、校长读书会上,黄达人说温州科技职业学院农类职业教育搞得不错;等等。

②农业行业的认可程度提高。与温州农口部门的工作联系日益密切,依托程度提高。

③专业的社会认可程度提高。学校录取分数逐步提高,以前很多人看不起我们学校,而现在有许多亲朋好友的子女想读我们学校,但有的分数已不够了。

(3)自我感觉良好

①学院的自我管理能力、发展能力提高。

②干部职工收入水平提高。

③对未来发展充满信心。

可以说,建院以来,我们较好地解决了"生存"问题,在高职院校中立稳了脚跟。我们今后要做的事情,就是为了解决更高水平的发展问题。现在是到了一个关键点上,或者说是站在一个新的起点上。解决生存问题,是强制性的,大家比较容易统一思想认识和行动,而解决更高水平的发展问题,则需要更强的自觉性,统一思想认识比较困难但是更为重要。那么这个思想理念到底是什么?我想是"一个理想,三个本",这需要我们在未来的工作中自觉地、长期地、牢固地予以坚持。

1. 坚持大学的理想、精神、追求

大学的理想、精神和追求是大学的文化基因,它决定最终的结果,它是大学区别于中专、中小学的根本所在。这些年来,我国的大学发展出现了很多问题,原因很多,但最终可以归结到大学的理想、精神和追求出现了问题。我们大家都知道,狮子和小狗刚生下来的时候差别不大,狗妈妈可以哺育小狮子,熊猫生下来的时候比家猫还要小,但随着时间的推移,变化很大,狮子就是狮子,小狗就是小狗,熊猫就是熊猫,家猫就是家猫。所以我们务必要强化大学意识,要充分认识到我们还处于大学发展的最初阶段或最低阶段,不能满足于现在的发展状态,不能止步于高职发展的要求,永远不能放弃进步的追求,否则,我们只能成为小狗小猫,永远成不了狮子和熊猫,否则我们可能只是中专或所谓的高职,永远成不了真正意义上的大学。世界一流的高职实际上是个伪命题,是自娱自乐的说法。大学发展遵循的永远是自身发展的道路。

2. 坚持以社会为本的办校理念

高校因社会经济的发展而生,我们学校也是因温州的发展需求而兴办,服务经济社会发展,服务温州的地方经济社会发展是我们的天职,也是发展的道路。我们要自觉地承担起服务经济社会发展的职责,在服务社会中发展、在奉献社会中发展,任何脱离社会,谋求自我发展的想法都是错误的。特别是在当前绩效工资的背景下,我们要正确处理好社会、学校、部门和个人利益之间的关系,不能过分追求学校利益、部门利益和个人利益,要牢固坚持以社会为本办学、以服务地方经济社会发展为天职。

3. 坚持以师为本的办学理念

大学是大师聚集的地方,大学是老师的大学,没有老师就没有学校,没有大师就没有真正意义上的大学。我们要特别重视教师队伍建设和发展,牢固树立发展依靠教师、发展为了教师的思想理念。要将教师队伍的建设和教师的发展放在重要的位置上。培养"三能教师"、培养全面发展的教师、培养大师。当前我们要特别重视处理好两个关系：

一是工作需求与教师发展之间的关系。不能把教师作为实现教育目标的工具，不能过度使用教师，要关心教师发展。

二是要处理好教师的经济利益和发展前途之间的关系。在绩效工资背景下，教师的收入已达到相应水平，我们不能把提高教师的收入水平作为我们工作的主要目标，而有过重的心理压力和精神负担，要把教师的发展前途放在更重要的位置上。全院上下要形成一个氛围，重视人的发展、支持人的发展、追求人的发展，使学院成为成就梦想的乐园。

4.坚持以生为本的教育理念

没有学生就没有学校。人才培养是高校的第一职能，也是首要的职责。人才产出是学校第一产出，这也是高校与科研院所最大的区别。人才培养的质量是检验一个学校办学水平的最主要标尺。我们要牢固坚持以生为本、坚持学生的主体地位，做好教育育人和服务育人，要发挥学生的主观能动性，教育与管理并重、教学相济培育学生。当前我们要特别处理好学生数量和质量之间关系。少一点要建万人大学、多办专业、多招学生的冲动，要将主要精力放在提高人才培养的质量上，在提高人才培养质量上不惜代价，在改善学生的学习生活条件上不惜成本。

二、关于专业建设发展问题

专业是高职教育的基本核心单位，专业建设是高职最重要的教学基本建设，它决定人才培养结果与办学水平，对高校的改革和发展具有深远的影响。这几年学院非常重视专业建设，也取得了积极的成果，但是当前的专业建设面临高考招生制度改革的新形势和带来的挑战：

新形势和新的挑战是什么？

一是教育行政管理部门，从重视学院建设转向了专业建设。

这预示着，行政管理部门引领高校发展的标杆与抓手发生了很大的变化，随之而来的支持政策体系和评价体系将发生重大变化。

二是学生从首选学校转向了首选专业。学生的流向发生了重大的变化。专业的社会价值决定学生的主流向；学生的特长爱好要求决定学生的次流向；专业的相对地位决定流向的优先次序；专业招生失去了志愿服从学院调剂的渠道。

这预示着,弱势社会价值的专业将会受到严重的冲击;弱势地位的专业将会受到严重冲击。这就给我们带来一个非常现实的问题:三年后我们有的专业还能不能招到学生或招足学生? 面对高考招生制度改革带来的挑战,我们应该怎么办?

我想我们应该做好以下几方面工作:

1. 整合专业,提升学界的竞争力

专业不是越多越好,而是越强越好。相似相近的专业要整合,这有利于专业的条件建设和管理,有利于专业的团队建设,有利于包装。

如园林系的园艺与花卉专业,农生系的绿色食品生产与经营、绿色食品生产与检验、食品加工技术、信息系的低压电器与电气自动化技术专业。这些专业要不要整合,要认真研究。

2. 全面发展,提升农类专业社会的影响力

专业的教学、科研和社会服务,要全面发展,培养人才有市场、帮助企业有办法、服务社会有地位,才能提升专业在社会、行业的影响力、美誉度和知名度。全面发展是高校的职能要求,是学院的追求,也是对各系部、专业和老师的要求。

3. 改造专业,提升专业对学生的影响力

(1)名称改造。要好听:老土的名称要改掉,其他大学也是如此。

(2)岗位改造。要更加明确教育层次与岗位层次的对应性,实现学生的体面就业。好的就业以及发展前景才能真正吸引学生。对农类专业,要更加明确培养自主创业型人才和为大中型企业培养技术、管理和营销人才。原来我们提为行业培养人才,是有点太泛了,大中型企业是先进生产力的代表,要加强对它人才需求的研究。

(3)模式改造。校企合作,订单培养人才;校校合作,联合培养人才(台湾、本专科);政校合作,定向培养人才;教研合作,协同培养人才。以提高人才培养的目的性,提高培养学生的能力,提高培养学生的质量。要以优秀的人才培养质量实现学生的体面就业,以学生的体面就业增强对学生的吸引力。

4. 拓展类型,减轻压力

(1)拓宽招生的渠道类型:中高职对接、单考单招、三位一体招生、自主招生。

(2)拓宽服务面向类型:成人教育、学历教育、培训教育。

5.优胜劣汰，主动调整

学院要调整出台专业建设及招生的相关政策。

生源决定专业的诞生，新建专业要特别慎重；生源决定专业的存亡，没有学生自然没有专业；生源决定专业的发展及招生规模。

三、关于人才培养的改革与发展问题

专业竞争最终归结于人才培养质量的竞争。这几年我们紧紧围绕培养什么样的人、怎么培养人这两大问题进行卓有成效的探索，并逐步形成了自身特色。但这两大问题没有标准答案，我们对它们的认识只是不断深化、不断接近。人才培养质量提升没有止境，教育教学的改革不能停顿。

下一步教育教学工作怎么做，我想谈几点想法。

1.以培养"社会责任"为重点，改革思政教育工作体系

我们常说教育要以德为先，要立德树人。那么一个有德的人，到底应该是什么样的人？我们从政治人、社会人、经济人、自然人等不同角度可能有不同回答。我个人认为，德的核心是社会责任。

（1）基本内容

爱心：爱心是前提。一个人应该爱自己，爱家人，爱他人，爱寝室，爱班级，爱学校，爱企业，爱地方，爱党，爱祖国，爱社会主义等等。

规范：遵守规范是基础。行为规范、部门规章、法律规范、道德规范等等。

担责：担责是要求。为自己、为家人、为社会负责等等。

高尚：高尚是境界。为他人、为社会奉献、牺牲的精神等等。

（2）实现的过程

应该是从低到高、从小到大、从内到外的过程。我感到当前我们的德育，它的基本内容是正确的，但是它实现的过程可能会存在偏差：我们从小到大一直讲共产主义、爱党爱国爱社会主义，就像是给小学生上博士生的课，实际上违背德育的发展规律，高尚但缥缈，难以取得成效。德育既要有明确的培养目标，同时要尊重它的培养规律和人的成长规律。

（3）培养的途径

①切实加强大学生政治思想工作，立足于学生的思想状态存在的问题做好工作，辅导员、班主任、所有老师都要成为学生思想政治工作的专家。

②政治法律等课程的改革。

③学生社会实践活动。

④学生自我管理与教育。

⑤家庭和社会环境的教育。

德育的途径是广泛的,要多管齐下,按照德育工作规律逐步推进。

2.以培养解决问题能力为重点,进一步改革课程及创新教学方法

从幼儿园到博士,所有的教育不外乎人的发展教育,教育的目标在于增长知识、增强能力、培养情操。但是不同层次的教育它的重点却有所不同。

我个人认为从低到高的教育,知识的重要程度是递减的过程,能力提升的重要程度是递增的过程。而大学(或许更早些)应该是能力重于知识的转折点。如果说高中前教育在应试教育体制下,学习知识培养的是解题能力,那么大学就应该是培养解决问题的能力,为了解决问题而去学习知识。

中美教育的最大差别是什么? 它重视的是解决问题能力的培养,而我们却很难摆脱知识传授的传统习惯。

解决问题的能力是大学生的核心竞争力,是大学培养的最重要目标。那何谓解决问题的能力呢?

我个人认为:是发现问题、认识问题、分析问题、解决问题的能力;是学习知识、掌握知识、运用知识解决问题的能力;是学习技能(术)、掌握技能(术)、运用技能(术)解决问题的能力。

是解决问题的思维能力、方法能力和技术(技能)能力。

是怀疑精神、探究精神、创新精神、追求卓越精神。

所以,学院下一轮的课程改革、课堂教学方法的创新、教育教学评价体系的改革,都要以提高学生解决问题能力为目标,做好相应工作。

3.以实现学生的自我规划为重点,提升学生的自我教育、自主发展的能力

学院要坚持"以生为本",而最重要的就是增强学生的自主发展能力,要实现学生自我发展的目标。教育教学不能一厢情愿,教育管理要实现以教师为主体向以学生为主体的转变,为此我们要做到以下几点:

(1)切实加强始业教育和政治思想工作,明确学习的目的性

使学生认真思考:为什么来,来学什么? 毕业后到何处去,干什么? 这两大问题,使学生明确目标来学习,带着问题来学习。在开学典礼上我说过只有对这两个问题有正确的回答,才能实现学生从高中生到大学生的转变。

(2)认真地推销自己的专业、专业的岗位方向和课程,实现知识的有效传递。使学生明确学习的目标、提高学生学习的兴趣,才能使学生从被动学习转向主动学习。要使课程、课堂成为学生展示才华、体验成功的舞台。

（3）满足学生多路径发展的要求，尊重学生的选择

培养学生自主发展意识，明确发展方向，为学生选专业、转专业、选课程、选专业岗位方向及继续深造提供选择的空间，并满足他们的要求。

4.以培养学生身心健康和生活情趣为重点，改革人文素质教育工作体系

四、关于科研发展的问题

面对当前学院的科研工作，心态复杂：

从发展历史上看：可喜的进步；

从高职科研的排名看：优势和荣誉；

从产业要求看：科研的产出偏低。

如何搞好科研工作，我讲了很多。今天我想讲以下四点：

1.进一步强化科研的价值导向

研究所的价值是什么？是要承担起对产业引领、支撑、服务发展的职责；科研（问题）的价值是什么？是要解决生产、生活、生态的问题。

我们要坚决摒弃自由科研、自恋科研、无效的无用的研究。科研人员要走出自我，走向社会。

2.进一步强化研究所的建设

研究所长要切实承担起研究所发展的责任。要加强方向、团队、平台、设施和课题建设。

3.建立以产出为导向的研究所的评价体系和奖励机制

要更加重视应用型研究，更加重视示范引进工作，更加重视社会服务的成效。

4.打通外部、打通内部。要突破外部政策环境，营造内部环境。

五、关于学生管理的改革问题

从做农校校长至今10多年的时间中，我很少谈论学生工作问题，对学生工作不够重视。而这两年在思考提高人才培养质量的过程中，对学生工作有了一点想法：学生工作应该具有与教学相同甚至更重要的地位。

这几年，学院没有充分认识到学生工作的重要意义，没有赋予学生工作应有的地位。以我的理解，这几年我们在学生工作方面存在着三个方面偏差：

1.在如何看待学生的问题上存在偏差

比如看低学生。认为高职学生是三流学生，是庸才，甚至有的认为是问题学生。

比如放低要求，只求一技之长和谋生的手段。

没有看到学生的天才(才能)，没有考虑到学生成长成才的愿望。

2.在认识学校与学生的关系上存在偏差

仅从市场经济的角度看，认为学生是我们的顾客和"产品"，没有考虑到学生也是学校主人，是推动高校建设发展的重要力量。

3.在提高人才培养质量问题上存在偏差

一是存在重教学轻管理现象。将学生管理工作置于教育从属地位，没有充分认识发挥好学生工作的育人功能，在人才培养过程中做到教学育人与管理育人"两条腿"走路。

二是存在重教轻学现象。存在着热衷于打造学生培养模式，完善培养学生产品的流水线，而忽视了学生的个性需求和在提高教学质量中的作用。教学并进，才能提高教学的质量。

三是存在重管理轻自理现象。单方面强调对学生的管理和服务，没有充分发挥学生自治组织在学生管理中的重要作用。没有充分认识到学生自治、自理，培养学生的自我教育、自我管理、自我约束、自我服务、自我发展的育人功能。

虽然我们这几年的学生工作取得了很多成绩，为学校的建设发展作出了重要贡献，但这三大偏差的存在，导致我们学生工作是：

政治导向的学生工作：上面要求我们做什么，我们就做什么；

问题导向的学生工作：发现什么问题，就解决什么问题，头痛医头、脚痛医脚；

爱好导向的学生工作：按各自的认识爱好去做。

我们并没有真正确立学生的主体地位。真正确立以生为本，一切为了学生，为了学生的一切，为了一切学生，相信学生，依靠学生，搞好学生工作。

学生工作从总体上来说，缺乏思想理念，缺乏系统的顶层设计。

学生工作总的要求是：建立以学生为主体的、服务学生发展的学生工作体系。下阶段的学生工作，要着重做好以下四件事：

1.以生为本，强化管理，将三全育人的责任落到实处

要真正实现全员育人、全方位育人、全过程育人，教育育人、管理育人、服务育人。全员服务学生的发展，全员成为学生的榜样。

(1)强化学生工作管理体系

明确院系学生管理的职责,进一步推进二级管理。要明确辅导员、班主任、宿舍管理员职责,分工协作,全面覆盖,不留漏洞。

辅导员要树立学生工作的责任感、使命感和荣誉感。

辅导员的配置要到位。

辅导员的精力要到位,要退出常规的课堂,要将功课做在课余。

辅导员的能力培养要到位。要真正成为学生政治思想工作的专家,指导学生团体工作的专家,指导学生就业的专家,帮助学生解决问题的专家,真正成为学生身边的人,学生的贴心人。

学校将对辅导员的职称评聘切块予以保护,对职务的提升留出空间。对辅导员专业技术职务单列指标,单设标准,单独评审;落实辅导员相应职级和待遇;辅导员的培养纳入学校师资培训规划和人才培养计划,开展队伍轮训,享受专任教师培养同等待遇。

(2)班主任要切实承担起一个班级的组织者、领导者、教育者的责任,要深入学生

学院将适时推行班主任坐班制,将班主任的经历作为职称评聘的前置条件,对班主任的工作做科学的评估。要适当限制班主任的课时数,使班主任做好学生工作有充分的时间保障。

(3)强化教师的教书育人责任

教师要尽到管理学生职责,教书要育人、要管人。将教师的育人、管理学生工作列入学生测评教学质量的范围。

(4)明确学院其他部门在管理学生服务学生中相应的职责

2.树立学生以校为家、从我做起的思想,提高学生自我管理能力

自我管理、自我约束、自我服务、自我教育、自主发展能力的提高,是学生培养的重要目标,也是对学生的最基本要求,同时是培养的重要载体。

(1)增强学生的自我管理意识,培养学生的自我管理能力

学生要学会自己管理自己,能有效地调节、控制、约束自己的思想行为和心理。生活上自理,身心健康,自重自爱,能遵守规章制度,约束不良行为,有效调控自己。

一个有自我管理能力的人,不一定是有成就的人;但有成就的人,必定是有自我管理能力的人。学生不是商家的顾客,不是酒店的客人,学生应该做好自己该做的事,自己能做的事。

(2)培养发展学生自我管理、自我服务的社团和组织,增强学生管理学

生的能力

学生管理学生,学生服务学生,在管理服务中增长才干。

学生的社团和组织基本有四类:

第一类是学生自我管理、自我服务的社团和组织;

第二类是学生的爱好兴趣文体类社团;

第三类是专业类社团;

第四类是学院品牌类社团。

学院要扶持各类社团的建设和发展以及功能作用的发挥,学院对社团要实施分类分级管理,以调动各类社团的积极性。

一、二类社团以学生管理为主。

专业类社团以系部管理为主。

第四类社团以学生处、团委、公共部管理为主。

学院要制订学生社团建设发展规范,并出台相应的政策措施。

(3)充分发挥团学组织(学代会、团代会)、班级的核心作用和学生团学干部的先锋模范作用

学院团学组织(学代会、团代会)要将学生社团的建设发展作为主要的工作职责和内容。

学院要开展班风建设活动。要将学院对学生的最基本要求作为班风建设最重要的内容。并将班风建设的成效作为先进班级、优秀班主任工作评价的重要依据和考核内容。

3.以生为本,以生为主人,建立学生评院的评价体系

学院要以生为本,必须确立学生的主人翁地位,要将学生对学校的评价作为第一评价,也是最重要的评价,将学生的要求作为学校最重要的任务。在高考录取制度改革以后,学生对学院的态度和评价,以及推荐的力度,将直接影响招生工作的成效。

学生评价教师的教学质量要进一步完善。

学生评专业、评课程、评实习、评社会实践、评班主任、评辅导员,评后勤服务,评教育管理服务等等,各类评价要系统展开,逐步深化,并将学生的评价作为各部门相关人员绩效考核的重要依据,以及教育教学改革发展的重要依据。

全院各个部门及全体员工,要自觉将自己置于学生监督之下,欢迎学生评价,相信学生评价,并自觉制订评价的标准和指标体系。

4. 做好顶层设计,完善制度,加大投入,保障学生工作改革和发展

学生工作要科学顶层设计,走上正确的发展道路,有效发展、逐步发展、加快发展。

要调整改革相应的制度和政策。

要确保学生工作的人员到位,资金到位和条件建设到位。

真正做到教学与学生工作两条腿走路,两条腿都要强,提高学院人才培养的质量。

六、关于行政管理的改革与发展问题

行政管理是推动学校高效发展、快速发展的重要动力,也是确保学院和谐发展的重要基础。

坦诚地讲,我院作为高校,历史的包袱比较轻,行政管理工作有后发优势。从总体上来说,我院的行政管理工作处于比较先进的水平,但也存在许多亟待改进的问题。

1. 以制定大学章程为契机,完善学院的治理结构

治理结构总的来说是党委领导、校长负责、教授治学、民主管理。要理清权力的清单,明确各自的职责。

(1)党委领导。要强化党委领导下的校长负责制,充分发挥党委的领导核心作用,引领学院的建设和发展。

(2)校长负责。进一步坚持完善班子的分工负责,院系的分级负责,充分发挥院领导和部门领导、系部领导在学院建设发展中的作用。院长是行政权力的一个符号,各级行政领导都与学院管理密切相关,要切实树立起人人都是院长的思想理念,来提高各自的能力素质和工作绩效。

(3)教授治学。教授是学院的精英,是学院的品牌,是学院科研、人才培养、社会服务的重要力量。但如何实现教授治学,发挥教授的作用,我们研究得还不够。我想:一是要健全教授治学的各类工作平台并发挥作用。如学术委员会、教学委员会、职称评审委员会、学生工作委员会、系部专业建设委员会等等。二是要建设教授为学院建设发展进言献策的平台。三是要充分发挥教授在各自工作岗位的组织、引领、示范作用。

(4)民主管理。充分发挥职工代表大会、工会会员代表大会的作用,确保民主权利到位、归位。

2. 以建立质量目标评价监控体系为抓手,推进精细化管理

非常坦率地说,在这几年工作中我有一种体会,也有一种困惑,就是许

多同志知道做什么,但是不知道为什么要这样做;做了许多事,取得了很多成绩,但是不知道事情做到什么程度,成绩处于什么水平。

我们许多同志日复一日很努力地做着相同的事情,但是很少思考工作还存在什么问题,而要如何改进它。

这些年有些同志向我汇报工作,他总是从零说起直到取得60分成绩而感觉良好,很少想到我想听到的是针对100分目标,你那个40分差距如何尽快地补上,我们一起要做些什么? 我非常希望我们全院上下对工作都要有明确的目标、标杆和标准,常以此为对照,不断对照、反思、改进,学院的各项事业、学院的全体员工才能不断快速地进步和发展。

对学院的精细化管理,我讲过多次,但是我难以对精细化问题作系统性阐述。我想通过6个方面的建设来解决当前学院要解决的问题,以提高学院管理水平和建设发展水平。

(1)制定学院各级各类发展规划。明确建设发展目标的进程,知道我们将要走向何处,对照我们现在正处于什么位置,这个位置是相对位置,也是绝对位置。

(2)制定研究所、专业建设评价考核指标体系。明确建设的目标内容及建设水平,为建设发展指明方向。

(3)制定教育质量监控、评价及反馈体系。明确人才培养的水平及提高的途径。

(4)制定管理服务的质量标准和工作规范。以质量标准来评价工作质量,以工作规范来保证质量标准的实现。

(5)制定干部队伍、师资队伍的建设发展规划。针对性引进、培养,提高工作的有效性。

(6)完善"四定"方案——"定职能、定岗位、定工作量、定报酬"。要解决因事但工作量又不足(特别是招录临时人员)而设岗随意进人的问题。要解决教师及有关人员工作过量的问题。要解决人事代理人员待遇过低,留不住人才的问题。

说实话,我非常想设立学院质量监控处,对全院各项工作进行评价、监控,并向学院提出如何提升、改善工作的建议。

3.以职称评聘改革为核心,整合相关管理制度

高校职称评聘权力的下放,是高校办学自主权的回归。学院对职称评聘工作非常重视,学院党政联席会议多次做了研究,人事部门也做了大量的征求意见工作。对具体如何运作有了初步的想法,但还未最终确定。我想

谈几点想法：

(1)坚持职称评聘的价值导向。有利于学院的建设发展；有利于学院工作目标的实现；有利于促进教师的发展和进步。

(2)坚持职称改革的基本原则。

一是按编定岗。学院将按照高校各级岗位设置的标准，设置正高、副高、中级以及其他各种岗位。其中，正高：6％～8％，副高26％，中级50％。岗位是职称评聘的前置条件，各级岗位的比例的设定，给职称含义带来重大变化。原来的职称是技术能力的标志，而现在是以技术能力为基础的技术岗位。与行政系列有一定的相似性。

院级领导：占行政人员7％，正高6％～8％

中层领导：占行政人员18.5％，副高26％

这说明一件事情，所有行政系列职员都有成为中层领导和院领导的可能，但不是所有的人员都可以成为中层干部和院级领导。同样，所有老师都有评到正高、副高职称的可能，但并不是所有的人员都能评上正高、副高的职称。

二是分类评审。职称分类：特聘教授、岗位教授、一般教授。

专业分类：教学、科研、实验、图书、工程等。各类人员根据自己所处的技术岗位性质分类申报，学院组织专业评审委员会分类进行评审，评审的依据要充分体现各自岗位的价值导向，学院要调整对各类人员的业绩考核办法，并将它作为职称评审的主要依据。学院对岗位教授的申报条件将作出明确的规定。

三是综合评聘。学院将成立职称评聘工作领导小组，根据岗位要求和专业评审情况，最终确定。学院对思政系列职称以切块保护。

(3)对职称评聘的几个其他问题。

一是总量。要千方百计扩大总量。

二是年度增量。要适度增加年度岗位。

三是评聘的条件。在符合国家基本要求的前提下，根据学院实际情况，制定聘用的基本条件，要适度放宽。

四是满岗后的职称评聘。三年一轮，逐步晋级(或降级)，择优聘用。

五是待遇问题。按职称评聘结果而进退。

总的来说，要将职称评聘工作做成有利于学院发展、员工进步的好事，大家不必担心。

4.以加强对外关系为抓手,优化学院发展的外部环境

一是加强对外宣传,提高学院知名度。

二是加强与领导及相关部门的关系,拓宽外部发展的空间。

三是努力争取学院发展的各类资源,争取政策、资金和平台建设的支持,如争取自主招生、科技成果转化收益权改革、农民培训与农技服务收入改革等政策,以加快学院建设与发展。

(2014 年 10 月 8 日在中层干部会议上的讲话)

第二编

人才培养

以人为本 质量第一
推进人才培养模式改革创新

高等教育大众化阶段，教学机构和教育形式会出现多种类型，它们有不同的人才培养目标、规格和社会适应性，也会面临不同的评价标准和体系。作为高等教育的一支生力军，高等职业教育要"培养适应生产、建设、管理、服务第一线的高等技术应用型专门人才"，要引导学生靠技能立身立业，从而满足各行各业对人才的需求，满足一个强盛大国对人力资源建设的战略需求。从这个角度来讲，高职院校必须以人才培养为根本，重视教育质量，推进人才培养模式的改革创新。

本编主要辑录徐和昆院长关于高职教育人才培养的若干讲话与思考。"教育是我们的天职，学生是我们最重要的产品，在我们学院建立之初，特别要把教学工作放在突出的位置上。"通读本编不难体会徐和昆院长对教育教学质量的殷殷关切。从"全院教学工作专题会议"到"教育质量提升工程动员大会"，从"人才培养工作评估报告"到"暑期中层干部会议"，从宏大的专题论述到简短的只言片语，"教育质量"始终是他一以贯之的关键词，浸润着他对于"人才培养质量事关办学成败"的认识与体悟。

作为一种类型化教育，农类高职如何把握好这一类型人才培养的规格，如何科学优化人才培养过程，不断研究新情况，适应新变化，提高毕业生在人才市场上的竞争力，建立起学校教育与社会需要接轨的良好机制，在本编中这些关键问题都有着它的答案。徐和昆院长认为农类高职教育专业人才培养方案必须遵循高职学生成长规律、农业生产工作规律和高职教育发展规律，必须符合农业高职教育人才培养工作特点的要求，全面设计、整体优化，必须反映最新教育教学改革成果，必须体现专业人才培养方案的时代特征、行业特征和职业特征。温州科技职业学院农类高职"基础＋专业＋方向"应用型人才培养模式正是对这些认识的生动实践，这也是在实施层面对农类高职专业人才培养方案的有益探索。

关于学院的职能目标问题

学院正式成立后,大家都非常关心教学、科研、成教、开发等工作的发展问题。大家思考很多,想法很多,担心也很多。从事教学工作的同志担心是否能牢固坚持教学工作的中心地位;从事科研工作的同志担心科研工作会被淡化和边缘化;从事成教工作的同志认为成教工作变成了"童养媳";从事开发工作的同志担心更多,认为开发工作是"被爱情遗忘的角落",从筹建学院以来的这几年,开发工作基本没人提了。种种担心,甚至于还有许多抱怨,这说明了什么问题?说明的是以下三个问题:

1.充分说明大家都有非常强的岗位目标意识和责任意识,都非常希望自己从事的事业在学院发展中能摆上重要位置,能得以快速地发展。

2.说明学院下一步发展中要更加重视教学、科研、成教、开发等各类事业的协调发展。

3.说明学校建立以后,许多同志对高校职能和主要工作目标了解得并不是非常全面。

高校有人才培养、科学研究和社会服务三大职能,这点大家都非常清楚。那么,我们又该如何切实地履行、全面地履行高校的职能?我想重点要讲几点。

一、牢固坚持教学的中心地位不动摇

牢固坚持教学的中心地位不动摇就是要坚持建设合格的高职院校、优秀的高职院校、有特色的高职院校的目标不动摇。这是学校的性质所决定的。教育是我们的天职,学生是我们最重要的产品,在我们学院建立之初,特别要把教学工作放在突出的位置上。建设合格院校是我们发展的最主要的目标,也是省委省政府、市委市政府对我们提出的最重要的要求。教学工作是当前院校工作最薄弱的环节,建立高校后如何把教学工作尽快地抓上去,这也是省市领导最关心的问题。教学工作抓得好不好直接涉及下一步学校的建设和发展。学校建设仅完成一期工程,还只有 3000 学生规模,将来还要完成二、三期工程,总共要投入 5.2 亿,现在还只有投入 2 个亿,如果教学工作搞不好,领导对我们没信心,学校今后的建设和发展都会是空话。教学工作是我们学校最高也是最重要的平台,这个平台可以吸引很多人,在座的很多同志都可以在这个平台上得到进步和发展。所以从许多方面来看,学校必将要坚持教学的中心地位不动摇。

那么,我们在下一步工作中应怎样坚持教学的中心地位呢?坚持教学的中心地位主要要体现在几个优先上:一是优先研究教学的发展问题,今天召开教学工作会议就是走出的第一步,把教学工作摆在优先研究的位置上,今后学院领导班子的主要精神要进一步转移到教学的发展上。二是优先解决教学发展的制度和政策问题。三是优先解决教学发展的人才需要问题。四是优先解决教学的硬件建设资金问题。五是优先解决教学的软件建设问题。学校从创建以来,我们已经把教学工作摆在中心地位优先予以发展,在以后的工作中必将坚定不移地继续做下去。

二、牢固坚持科研强院的发展战略不动摇

牢固坚持科研强院的发展战略不动摇就是要坚持教学、科研两条腿走路的工作方针不动摇,坚持将科技学院建设成为区域性农业科研强院的目标不动摇,坚持将科技学院建设成研究型高职院校的目标不动摇。科研工作是学院建院的基础,搞好科研工作既是市委市政府对我们的特别要求,同时也是我们高校的职能目标所决定的。对于我们学院如何坚持科研强院的发展战略这个问题,许多同志认识得不清晰。那么,我们为什么要提科研强院,它的理论基础和现实基础又是什么? 在这里,我想讲以下几点:

1. 科研是教学的基础。任何知识都是科研成果的结晶,科学技术也是科研成果的结晶。从一定程度上说,科研是教学之母,没有科研就没有教学。

2. 科研是教学进步发展的最基本动力。教学内容的发展依赖于科研的进步和发展,教学方法、教学手段、教学艺术、教学管理水平的提高都要依赖于科研的进步和发展。

3. 科研是高级人才培养的最根本手段。博士、硕士、博士后都是通过科研培养出来的,科研本身就是培养高级人才的最根本手段。

4. 科研能力的培养是教学的最高级目标。教学的目的不仅在于使学生能够掌握知识,应用知识,更重要的是要使学生具有创新知识的能力,这样社会才能进步。

5.科研是学校成名、教师成才的捷径。从历史的角度看,一个学校是否有名是学生所决定的;但是从现实的角度说,一个学校能够迅速成名是由科研所决定的。对于教师能否迅速成名、成才,科研也起到决定性的作用。

6.科研是高校最重要的职能之一。从全国角度来讲,科研经费的70%~80%是在高校,科研成果的70%~80%也是产生于高校。高校是科研的主体力量。

7.科研是学院的立院之本、稳定之基、发展之路、特色所在。

所以我们强调科研强院的发展战略是非常重要的。我们提科研强院发展战略的时候,很多同志会有自己的想法,一些同志习惯上把科研和教学对立起来看,这是不正确的。但是在现实的学校建设和发展中,我们的科研和教育表现为对立的形式。也就是对于一个教师或科研人员来说,到底多少时间投入教学,多少时间投入科研,又形成了一对尖锐的矛盾。那么对于我们学校来说,怎样解决科研和教学的矛盾,怎么坚持走好科研强院的发展道路?我有三个想法:

1.稳定科研。要开展标准化研究所和重点实验室的建设,明确科研的重点发展方向,要把科研做强做大,稳定农业科研的基本盘。

2.强化科研。就当前来说,学院首先要强化教学科研工作。通过科研手段迅速解决院校教学改革和发展所面临的重大问题,也通过教学科研在教学领域上有所建树,要培养出一些教育专家、办学专家。我们要营造全院教学科研的氛围,也希望农类系将教学科研摆在非常重要的位置上,作为主要的工作任务来抓。

3.利用科研。就是要发挥科研优势服务于学生的培养,大力探索研学结合的学生培养模式。从一定程度来说,对于农类学生的培养,研学结合是最佳也是最高级的一种培养模式。

三、大力发展成教事业

大力发展成教事业就是要坚持把学院建设成为社会人才的技能培训、技能鉴定基地,农村干部与农民的培训中心,各类高校不同层次教育的函授基地。所以有些同志担心成教工作是"童养媳",是不必要的。搞好成教事业是社会发展的要求,是高职教育的内涵要求。在学校当前规模不大的情况下,成教工作更是非常重要的补充内容和构成部分。我们学校要发展为

8000 人的学生规模,现在还只有 3000 人,其他的学生哪里来,就需要成教工作作为补充。所以成教工作在院里会享受同层待遇和国民待遇,希望系主任也要把成教的发展作为系发展的重要途径。学校仅仅开展高职教育,社会影响力是不大的,学校在搞好高职教育这个基本点的前提下要面向社会开展好成人教育、培训鉴定和社会服务。

四、努力搞好科技开发工作

院校要继续把温州科技职业学院、温州市农科院建成科技产业化的基地和科技成果化的中心,这个目标也是不动摇的。这方面内容在这里先不具体展开讲。

科技学院成立后,我们要非常全面地认识高职院校的目标和职能,要全面承担起高校建设发展的任务。在这些任务中,高职教育是核心,是重点,但其他方面也是职能目标所在。

(2009 年 2 月 28 日在全院 2009 年教学工作会议上的讲话)

深化改革　全面提高教学质量

　　提高教学质量是高等职业教育发展的历史进程所决定的,我们国家的高等职业教育发展已经从数量扩张进入了质量发展的新阶段,提高教学质量,注重内涵发展是近几年高职教育发展的主旋律。提高教学质量也是我院的发展阶段所决定的,我们学院要从建校走向立校的新阶段,要从结构建设走向质量建设的新阶段。提高教学质量也是学校总体目标和要求所决定的,我们要建设合格院校,必然需要提高教学水平和教育质量。那么,怎样提高教学质量? 下面,我讲五个方面的内容。

一、大力做好专业建设,把好龙头

　　在专业建设中,必须要做到"两个把握、一个明确":一要把握各个专业发展的历史进程和完善程度。我们学院现有 15 个专业,要在全国范围来看自己的专业发展所处的水平,到底是初级、中级还是完善阶段,要有一个基本的分析和判断。二要把握专业建设标准和人才培养标准。省、国家发了很多相关的文件,搞专业建设的人一定要对这些文件非常熟悉。学校正式建立两年后,省教育厅还要对我们学校的专业建设进行评估,搞专业建设的人要根据文件要求事先做好充分准备。三是要明确专业建设和发展的指导思想。专业建设的指导思想是要建成一批、强化一批、优化一批、稳定一批。要建成一批新的专业,建成温州紧缺的专业和其他一些新的专业,特别是农类专业上要尽快发展。我们现在 15 个专业要达到 8000 人学生规模是远远不够的,我们可能要发展到 30 多个专业。要强化一批,特别是在农类专业上要强化。以全省的角度来讲,我们现在是农业技术专业委员会的主任单位,是一个牵头单位,这个地位是历史赋予的。所以我们一定要强化农类专业,要真正承担起历史责任,要在全省起到示范带头作用,力求在国家、省市重点专业、示范专业建设中有所突破。当前我们办了几年的一些老的专业,并不是很完善，但发展潜力比较大，一定要进一步优化人才培养方案，要符合现在经济社会发展的要求和职业岗位变化的要求。较为成熟的专业要稳定人才培养方案、师资队伍建设和实验实训条件建设。比如会计等专业，高职教育的历史比较久了，也积累了一定的经验。如何提高我们学校专业的地位，要在学生技能竞赛上多动脑筋，要在提高教师的科研能力上多动脑筋，教师要形成一定的研究团队，在课题方面要立得多、成果出得多，这样这些专业也可以后来居上，具有一定的发言权。

二、加大课程建设力度，把握好提高教学质量的核心

要加强对课程体系建设的研究，要将课程体系建设的研究放在教学改革、教学研究的首要位置。课程体系建设是教学工作的核心，也是首要工作。课程体系建设也是各专业带头人、掌门人的首要工作。系主任或是专业带头人一定要时刻关注、重点抓好课程体系建设。专业带头人水平最重要的体现就是在课程体系建设的研究上，要在课程体系建设方面在全省乃至全国具有发言权。所以一定要注重对课程体系的研究，主要包括能力目标体系、实验实训体系和素质培养体系。对于高职教育来说，比较强调的是能力目标体系、实验实训体系建设，但我感到对于理科或农类的学生来说，也要同样重视理论知识体系和素质培养体系的研究。今年院里要组织力量开展一个重大的课题，这个课题就是学生非职业能力培养研究，我们要通过课题的研究对学生三年的素质培养做好全面规划。

要加大对核心课程或者是主干课程的研究力度。核心课程建设是课程体系建设的重点，核心课程建设也是教研室主任的首要任务。对核心课程的把握、理解和改革具有多大的发言权，就是教研室主任水平的最重要的体现。所以我们院里下一步工作一定要围绕核心课程的建设形成教学团队，这是非常重要的一件事。以后我们引进人才，重点要围绕核心课程的建设引进教师，使这个教学团队不仅仅具有教学能力，更应该具有教学研究的能力，同时还具有服务社会的能力。游离于教学团队、研究团队的教师是得不到进步的教师，是没有地位的教师。我们要围绕核心课程的建设，形成教学团队，培养出一批名师；我们也寄托于核心课程教学团队的建设出论文、出教材、出服务社会的成果。

三、加大教材建设的力度

教材是提高教学质量的重要基础，也是最基本的保障。选择教材、处理教材是一个教师是否成熟的最重要的标志。编写教材是骨干教师培养的重要途径。对于一个学校来说,拥有多少主编教材,具有什么级别的主编教材,是学校教学实力和教学地位最重要的体现。所以学校培养教师、培育教学特色,要从教材抓起。要使教师有编写教材的想法和习惯,推动教师真正去学习、去思考,才能够真正提高我们的教学质量。教材建设可以从最简单的讲义、讲稿抓起,搞校本教材,搞规划教材,在这些方面要逐步形成工作方面的团队。希望通过几年的努力,在全国、全省的规划教材、重点教材的编写方面要有所突破。

四、加大人才队伍建设的力度

要进一步落实好"引进、培养、提升"的工作方针。一要大力引进高素质的结构性人才。当前我们学院人才在数量、质量和结构方面都还存在着一定的问题,我们要继续引进,以补充数量、提升质量、改进结构。二要大力培养专业带头人、学科带头人、骨干老师,要制定扶持政策加大对教师的培养,要逐步形成行政职业和技术职务相统一的政策。三要大力培养双师结构的教师。要出台强制性的政策,要求教师到社会服务,到企业锻炼。四要大力建设外聘教师队伍。要大力引进外校老师和外智,要加大对柔性人才的引进力度。

五、加大实验实训条件建设

当前我们学院的实验实训条件是比较薄弱的。我们要以先进的理念制订好实验实训条件的建设规划;要充分发挥校外实习基地的作用;要加快实验实训条件建设的步伐。各系要以主人翁的精神牵头做好实验实训条件建设的工作。

(2009 年 2 月 28 日在全院 2009 年教学工作会议上的讲话)

在教育过程中，要牢固坚持学生主体地位不动摇

坦率地说，最近几年我对我们的学生是非常愧疚的，主要有两方面的原因。一是客观上学校新办，难以为学生提供大学的校园条件，学校的学习环境跟兄弟学校相比，确实存在不小的差距；二是主观上，我们还没有形成大学的校园氛围，有些事该做的没做，该做好的没做好，还没完全做到利为学生所谋，急为学生所急。

任何学校、任何时期，学生在学校的主体地位是绝对性的，是不可动摇的，学生对社会的贡献不仅是学院价值的体现，也是教师价值的体现。要确保学生主体地位不动摇，我们教师要努力做好以下三个方面的工作：

第一，教师要以学院为家，确立主人翁意识。要做到"三热爱"，即热爱教师事业、热爱学校、热爱学生。但是就我院实际情况来看，要做到"三热爱"也有一定的难度，例如过去科研人员因为工作性质的差异，还不能全身心地投入教育事业，新进人员因为没有经历过学校创业的艰难，在对学校的感情上没有老职工这么深厚，全体职工还没有树立"慈母之心"，没有像对待自己的子女一样对待我们的学生。所以各部门要结合建国 60 周年庆祝活动，认真组织开展"三热爱"教育，真正确保"三热爱"深入教师的心中。

第二，教师要以学生为孩子，关心学生的生活、身心健康和学业进步。为此，我们要做好三个保障：（1）做好思想上的保障，树立全员教育学生、服务学生观念；（2）建立制度上的保障；（3）确定领导上的保障，要时刻牢记学生的问题就是最大的问题，要优先解决学生各种问题。

第三，教师要以学生为荣。我们要形成三种认识，即要认识到学生的肯定是老师最大的满足，学生的成就是老师最大的价值体现，学生数量的积累是人生最大的积累。

（2009 年 9 月 9 日在教师节庆祝大会上的讲话）

精细管理　提升效率　研究制定新一轮学院教育质量提升工程计划

建院以来,学院一直非常重视教育质量的提升,实施了第一轮教育质量提升工程,广大教师经受锻炼,能力得到提高,也取得了一些业绩。但总的来说,第一轮教育质量提升工程还处于初步阶段。现在实施的第二轮教育质量提升工程,根本目的是要实现从拿来主义办学向有自己的教育思想、教育理念办学的转变,切实提高教育质量。

制定第二轮教育质量提升工程计划,要重点考虑并解决以下五方面问题。

一、切实解决培养什么人的问题

一要研究高职教育的高等性与职业性的关系问题。高职教育是以就业为"导向",还是以就业为"主向"? 高职教育应当是以就业为导向,但是在实际工作中往往是以就业为主向。

二要研究学历教育与培训教育的特征和特性问题。什么是学历教育,什么是素质教育,什么是培训教育? 这些概念要弄清楚。

三要研究高等教育培养的是"完人",还是"完整的人",还是高素质的技能型人才或技术型人才问题。当前,我们高职的理想和梦想提的一直是培养"完人"。去年省教育厅组织赴美考察,得出的结论是要培养"完整的人"。但是现在高职教育界提的一些人才培养目标都是缺失的。此外,高职教育到底是高等教育的一部分,还是区别于普通高等教育的? 只有对这些问题进行认真的思考和反思,才能确立自己的高等教育思想理念。因此,我们要组织高等教育和高职教育理念的新一轮大讨论,以进一步明确到底要培养什么人的问题。

二、切实解决培养"一个人"的问题

第一，什么是协同创新？培养"一个人"的问题就是学院提出的开展人才培养协同创新问题。培养"一个人"指什么，什么是"一个人"？我们培养的只有"一个学生"，他是一个统一的学生。现在我们眼中的学生有学生处的学生、团委、各系教育的学生、专业教育的学生、公共教学部通识教育的学生、宿舍宿管教育的学生、创业教育的学生，等等。其实，这些被各部门分开教育的学生应该是统一的一个"学生"，只是在现实工作中，各个部门各自为政造成了这种现象。这么多部门的"学生"，教育工作是重复还是缺失，是不是有必要？对这个问题我们还没有进行深入思考。我们教育的是一个学生，是统一的一个学生。学院提出的协同创新是什么，协同创新的目的是什么？就是要切实解决各个部门教育学生时各自为政、各自为营的现象。学院要统筹教育教学资源，在统一学生培养目标的前提下，分工合作，各自完成培养任务。各个部门针对学生开展的一系列活动，都要在人才培养方案中找到自己的位置。

第二，在人文素质教育方面要做好协同创新。协同创新有很多工作可以做，特别是在人文素质教育方面，学生处（团委）、公共教学部怎样立足于人的全面发展来制定人文素质教育课程，非常重要。体育课、语文课、数学课、英语课、政治课等，这些课怎么上，需不需要上，要进行反思。人文素质课程，要立足于人的发展去开设。比如，一个人的一生，要有一项运动特长，这对人的心理健康发展很重要，要有一项艺术类的爱好，要有文学鉴赏能力，要有一次当干部组织工作的机会，要有一次演讲的经验，要有一些社会服务活动经历，等等。我们可以提出几个"一"列入人文素质教育，赋予具体的学分。人文素质教育不应当仅限于课堂，而要贯穿于三年的大学生活。

第三，在专业教育方面要做好协同创新。专业基础课程应当广而不求深，专业课程应当精而深。

第四，在岗位课程设置方面要做好协同创新。岗位课程要实现学业和就业的分配、结合，这些课程的设置需要各个部门的密切配合。学院提出的协同创新，就是立足于"一个人"的前提，在统一设计的前提下，各自分工协作，做好人才培养工作改革。只有做好了这项工作，学院教学工作、学生工作等才会搞出自己的特色。

三、解决人才培养模式深化改革问题

这几年学院提出了"平台教学、专业分流、方向培养"的人才培养模式，该项工作要加大实施力度。现在有两个问题比较困难。一是在平台教学方面，要制定系列的通用教材，谁去制定，怎么制定？二是方向定岗和岗位课程设计方面，最后一年的方向岗位课程、顶岗实习、毕业论文（设计）、岗位拓展知识等如何设计？这些都需要进行思考。

四、解决课程建设问题

目前学院在人才培养过程中，课程往往交给一个具体的教师。拿到教材后，大部分人只会照本宣科，上课的内容与学生的培养目标脱节。所以学院要切实加强课程建设，把好课程建设关。课程建设是什么？应该包括课堂要传授的知识内容、要做的实验、实训、考试的方法，等等。

美国高等院校第一个要管的就是课程。一门课程，从学校到教育部门的各类审批，要经过 12 道论证程序。反思我们学院，一门课程设计以后交给教师，可能没有经过任何的审查、审批程序。所以今年的重点工作，就是要搞好对课程内容的审查和论证，切实从以教材为本转到以专业为本上来。只有通过对课程的审查、审核，我们才能解决整个专业对学生的教育问题，也才能更好地安排上课的次数。学院的专业主任，有没有把专业所有的课程、教材、实验、材料都看过，希望将来我问起的时候，能得到肯定的回答。

五、解决教学质量问题

教务部门要加大工作考核力度，研究制定一系列政策措施，把教师注意力转移到课程建设上来，转移到提高教育质量上来。芝加哥大学对教师教学质量的评定共有 108 项指标，其中，学生评价教师的指标 72 项、学校评价教师的指标 36 项。下一步，学院也要建立对教师教学质量评价的新的工作体系，考核结果也要得到更好的应用。要引导教师、调动教师，把主要精力放到课程改革、课程建设和教育质量提高上来。

（2013 年 2 月 27 日在新学期全院教职工大会上的讲话）

高校要培养什么样的学生

　　培养学生是高校的第一大历史使命，也是一个永恒的课题。

　　培养学生首先要明白人才培养目标。人才培养目标是教育活动的基本出发点和最终目的，它规定了培养人才的基本规格和标准，对教与学双方具有极强的导向性，它不仅是人才培养的蓝图，也是课程计划、教学内容和方法及教学评估的核心。它包含几层意思：①人才培养目标是教育的出发点；②人才培养目标是设计人才培养方案的蓝图；③人才培养目标是教育的最终目的；④人才培养目标是教学活动开展的核心。总之，人才培养目标在教和学中具有中心、核心的地位。

　　人才培养目标有三个层次。宏观方面。体现为教育的总体目标，比如说培养社会主义事业的接班人、培养德智体美劳各方面都优秀的杰出的人，等等。中观方面。体现为人才类型的培养目标和学校的特色目标。人才类型的培养目标，比如说技能型人才、高端技能型人才、技术型人才、高端技术型人才、应用型人才等等。学校的特色目标，就是学校希望培养的学生有特色，能体现自己的校训。比如说浙大的校训是求是创新，他们希望求是创新的精神体现在所有毕业生身上；浙江农林大学特别注重生态绿色，他希望自己培养的学生特别关注生态绿色。我们学院希望培养的学生对"三农"特有感情，解决"三农"问题特有办法。微观方面。具体体现在专业岗位人才的培养目标，也就是教学计划、人才培养大纲中明确提出的人才培养目标。微观目标是一个实施目标。

　　人才培养目标由特定社会领域和特定社会层次的需要所决定，随着受教育对象所处的学校类型、级别而变化。从理论和需求上分析，人才培养目标由两方面因素决定。

　　外部因素，也就是社会需求，主要有四个：①政治因素。国家要求培养"两个人"，一个是社会主义事业的接班人，一个是赶快就业的人。中国今年有 699 万毕业生，前段时间从总书记到总理到基层，一级一级都非常关心大学生就业。②经济社会发展需求。它需要高校提供满足经济社会发展需要的高素质劳动力。③学生的要求。学生希望在三年时间中能够学到自己想学的东西，要有助于就业和成才。④家长的要求。家长希望学生在学校能够健康成长和成才。

内部因素，我认为也有四个：①与办学者的教学思想有关。②与教育的层次有关。是中职教育、高职教育、本科教育还是研究生教育？不同的教育层次，人才培养目标不同。③与教育类型有关。是学历教育还是非学历教育，是培训教育还是就业教育等等。④与专业类型有关。

那么，人才培养目标谁来提出？怎样提出？

人才培养目标不是由国家决定，也不是由学校决定，最终要落在专业主任身上、专业设计者身上。这个目标的确定要考虑三方面因素：一要考虑内外因两大因素；二要考虑体现宏观、中观目标要求；三要思考在结合前面两者的基础上，根据专业特点制定具体的人才培养实施目标。

（2013 年 6 月 5 日在教育质量提升工程动员大会上的讲话摘录）

对教育质量的多维评价

1.什么是教育质量？

《教育大辞典》中写道,教育质量是指"教育水平高低和效果优劣的程度","最终体现在培养对象的质量上","衡量的标准是教育目的和各级各类学校的培养目标"。教育质量的载体是学生,反映学生水平的高低,也反映学校教育目标的实现。教育质量由社会、国家和学校自己来评价。

2.怎样评价一个学校的教育质量？

现在的"麦可思"报告就是对高职教育质量的一种评价方式。武书连对高职教育也给出了一个评价标准,很简单,他认为学校的教育质量由学生的入学分数和教师的学术水平决定的。但我个人认为,评价教育质量的高低,要看五个方面。

第一,历史评价。要看这个学校所有的毕业生在社会经济文化发展中起到的历史作用。一看他们对社会的贡献有多大,二看他们在社会中的地位有多高。

杜玉波部长讲过学校的教育质量评定问题,他说:"要以长远的眼光、历史的视野看它培养出什么样的杰出人才,看它对国家、民族所作的贡献,看它对推进人类文明进步所产生的影响"。清华、北大都是有名望的学校,他们的名望是长期历史形成的评价。想想当年的农校,从上世纪80年代恢复招生开始,培养的学生现在很多当上了领导干部和企业家,对推动温州经济社会发展起了很大作用,原来农校的教学质量应当说非常好。

第二,现实评价。一是毕业生走向社会受不受欢迎;二是毕业生能否体面就业,是否得到很好的工资回报;三是毕业生在用人单位是不是好用、管用。

第三,比较评价。就是高校间的互相比较与评价,比如说比学校的统考成绩、学生的技能竞赛、学生的作品,比有没有杰出学生代表,等等。

第四,学生对学校的评价。就是学生对教学质量的自我认可程度,对自己学校的认可程度。杜玉波部长有句话:"要强化以学生评价为先的理念,把学生评价作为衡量教育教学质量的重要依据。"学生对学校的教育评价是最重要的一个环节。

第五,学校内部评价。就是我们在整个教学活动中是否能很好地实现教学目标。内部评价包括:①对老师的评价:学生成绩怎么样等;②对专业主任的评价:教学工作是不是实现了原来设计的目标;③对教务处教育质量方面的管理评价:教学计划是不是得到很好落实等。

3.什么因素决定我们的教育质量?

教育质量主要由 7 方面因素决定:

第一,专业设置决定教育质量。我们培养人才首先要培养社会必须的人才。前些年温州职业技术学院让我感触最深的是,他的很多专业是温州经济发展需求较紧迫的专业,比如模具专业、制鞋专业、服装专业等。所以首先专业要设置好,学院和系主任要一起把好这个关。

第二,培养方案设计决定教育质量。学校选择的专业办得好不好,第一关就是人才培养方案设计。人才培养方案能否实现原来专业人才的培养目标,这个应当是系主任、专业主任去把关、去做。下一步,我们学院针对如何搞好人才培养方案设计,要出台相关文件。

第三,课程标准决定教育质量。人才培养方案设计好后,实施人才培养目标的实际上是课程体系,就是整个的课程设计。

第四,教师水平决定教育质量。课程要教师来上,教师没水平,方案设计得再好、选择的教学内容再好,也达不到人才教育培养的效果,所以教师一定要学会教书和育人。教师在教育质量提升当中具有不可替代的作用。

第五,教学条件决定教育质量。教学过程中如果缺乏应有的实验实训条件和场所,那么人才培养方案设计的很多教学内容就不能很好地得到实施。

第六,质量保障体系决定教育质量。我们已出台很多文件,形成了人才培养质量保障体系。在其保障下,我们的教育计划能够得到有效实施。

第七,学生基础决定教育质量。一是学生进来的水平怎么样决定了教育质量;二是学生学习的积极性、能动性和求学的愿望决定了教育质量。

(2013 年 6 月 5 日在教育质量提升工程动员大会上的讲话摘录)

第二轮教育质量提升工程的背景、目标与要解决的问题

一、第二轮教育质量提升工程的背景和目标

1.背景

生存竞争。质量竞争已经演化为生存竞争。质量的好坏决定一个学校的存亡,也决定一个专业的存亡。进入大众化的高等教育发展阶段后,浙江的大学录取率已经达到了87％,很多地方高校没人读。将来要是质量不好,对一个学校来讲首先体现在坏的专业没人读,这就是生存的竞争。

质量竞争。质量竞争的内容和方向发生根本改变,第一轮质量竞争讲的是内涵建设的一些数据,第二轮质量竞争主要体现在学校教学的产出上。

学生竞争。现在质量的竞争最终落脚在学生的体面就业上。

2.目标

学院希望能切实解决教育思想上的教条主义、课程建设中的"拿来主义"、课程教学中的"本本主义"。要切实实现以自己的教学理念、教学思想办学的历史性转变,实现学院的三大提升——提升学院特色,提升管理水平,提升教育质量。

二、第二轮教育质量提升工程要解决的问题

1.人才培养目标的设定和人才培养模式的选择问题

这次教育质量提升工程明确提出学院人才培养的中观目标是:人文素质好,专业基础宽,专业能力硬,岗位就业能力强;人才培养模式是:"平台教学、专业分流、岗位培养"。

这次学院人才培养目标和人才培养模式的提出,充分反映了办学几年来学院对高职教育思想理念的一些理解、认识及思考。高职教育要坚持哪

些思想理念？我个人认为,应该有以下六个理念:(1)坚持大学的传统理念,就是要培养一个完整的人;(2)坚持就业导向的教育思想;(3)坚持学生可持续发展的理念;(4)坚持学生第一的理念;(5)坚持因材施教的理念;(6)坚持终生教育的理念。

2.课程体系设计问题

这次学院课程体系的建设要根据人才培养目标的四大要求,设计四大模块的知识课程,要体现"体、面、线、点"的设计思路。

第一,人文素质课程体系的设计问题。

(1)人文素质课程体系的设计思想

人文素质课程体系的建设要立足于人的一生发展、社会工作所需要的最基本的人文素质能力要求,也要针对当前的教育基础和教育所存在的一些问题来设计。

学校不是没有开展人文素质教育,不是没有人文素质教育课程,也不是人文素质教育课程和学分不够,关键在于在人才培养方案的设计过程中,对人文素质教育的立足点不是立足于学生的发展来设计。目前它是立足于三点:①政治需要的课程,上级文件中要求上的课,比如法律课、政治思想道德课、创业教育课、心理素质课等,这些是政治的要求。②学校的传统课程,包括政治、语文、数学、英语、体育等课程。③学生方面的活动。这三大模块构成了原有的人文素质教育体系。

我们现在要反思,原来的素质教育是不是科学,是不是立足于人的一生发展来设计?不是。所以我们对人文素质教育模块要进行大胆全面的改革。

(2)人文素质要素的选择与课程体系重构

人的发展需要很多人文素质,学校要选择哪些要素来进行教育培养?杜玉波部长讲,人文素质最重要的是社会的责任感、创新的机制和实践的能力。这次,学院由王阳副书记牵头,公共教学部设计,选定几大人文素质要素,包括大学生思想道德素养、体育运动能力、心理调控能力、文化传承能力、鉴赏与审美能力、组织协调能力、礼仪与表达能力、信息素养的教育等等,根据这几大素质要求来设计课程。这是下一步大家要在系里进一步讨论的。

(3)人文素质培养的课程建设

要突出能力培养,强调实用性、实效性和实践性,不强调理论体系的完整性。人文素质体系的建设不需要完善的理论体系,它只注重能力、素质的提高,这个和当初技能型人才培养是一样的。

譬如说学生需要有心理素质。学生的素质包括心理素质和身体素质。心理素质培养指学生要接受抗挫折的教育,让学生懂得珍惜生命、爱惜生命,懂得怎么去养身等方面的知识。解决这些问题只上一门心理学肯定是不对的。又比如,学生需要政治素质,我个人认为学生的政治素质至少要包括爱党、爱社会、爱人民、爱国家,仅仅上一门毛泽东思想和特色社会主义理论课,能够代替素质培养吗?肯定也不对。譬如说学生的体育运动素质,这次学院明确提出大学生体育课的目的是要培养一个人一生有一项持久喜好的项目,而不是说仅仅上几堂课就构成一个体育课程。

所以,我们的课程建设特别要注重能力培养,强调实效性、实用性和实践性,很多课程要进行重构、重组。要特别重视各类讲座、社会实践、参观活动等专题以及鲜活生动的内容在课程建设中的作用。

这次的人文素质教育改革比较大,希望公共教学部、学工部等相关部门一定要承担起这方面责任。学院对这次人文素质教育的改革方向是坚定不移的,相关部门要做好应对人文素质改革教育所必须的一系列准备。

第二,专业基础课课程体系的设计问题。

设计思想要遵循以下几点:

①专业知识面要宽,这是相对于这个专业所划归的行业和学科门类来进行设计。比如说种子专业,它所依托的行业就是农业,就需要具备农业专业方面的知识。

②基础知识面要宽,对未来的岗位迁移能够提供支撑。现在社会反馈的对学校培养学生的要求,最重要的一点是要会做人,第二点是知识面要宽。这是从面的层面来设计专业基础知识方面的课程。

所以,设计专业基础课课程体系时,希望以行业知识面构建课程体系,课程深度与教育层次相适应,要特别注意理论知识的系统性,特别注重实验在教学中的应用,特别关注新知识新技术的引入。要做到求宽不求深,求新不求全,以这个原则来设计专业基础知识课程体系。

第三,专业课课程体系的设计问题。

设计思想要遵循以下几点:

立足专业核心知识、能力来设计,使培养的学生专业能力过硬,有专业特色,深深打上专业“烙印”。

对于这一点,我认为当初的本科专业做得比较好,像种子专业的学生,一生从事与种子相关的工作。我是土壤肥料专业出身,当了很多年的农业站长,岗位变了,很多东西都忘了,但唯一不忘的就是"土肥",因为这个专业已在我心里打上了很深的"烙印"。

专业知识一定要针对核心能力、核心知识来设计,这条线不能够太长。我发现很多课程没有搞清楚到底是专业课程还是专业基础课程,把所有的新知识、新技能都纳入专业课程体系,课上不了学生也学不好。课程体系建设要做到少而精、精而深;专业不要太宽,但专业课程要上得深,我个人认为专科层次的专业课程可以上到本科层次。我们实验实训的条件,一定要紧紧围绕专业核心课程来讲。要注重专科与本科的衔接。只有少而精、精而深,才能打上学生的专业"烙印"和对专业的认可。

第四,岗位方向课程体系的设计问题。

(1)设计思想

立足岗位方向,谋求就业优势,做到学业与就业的自然过渡或者是无缝对接。按台湾的讲法,叫做"最后一公里的里程"。

我们说高职教育就业的导向,最后要实现就业与学业的对接。我反对以三年时间搞对接,但最后一个阶段的学习一定要与工作对接,所以要设计岗位方向课程体系。

(2)岗位方向课程建设与重构

岗位方向课程包括岗位方向需要培训的课程、企业教育课程、社会实践、毕业论文,四者融为一体,达成设置岗位方向课程的体系。

岗位方向是什么?譬如农类专业的毕业生,他的岗位方向有几个?①要从事技术推广,当技术员的,岗位方向的课程就要上统计、技术的应用和推广等课程;②要搞研究的,岗位方向的课程就是跟教师、项目团队搞科研,写的毕业论文就是科研论文。③要去做生意、搞营销的,岗位方向的课程就要上营销技术的培训课程,写的毕业论文就是调查报告;④要考公务员的,最后阶段就是培训;⑤要继续升本的,最后阶段就是学和专业课衔接的教材。最后阶段的学习要符合学生最后走向就业的位置或者其他方向的位置,岗位方向的设计一定要以这种思想进行设计和重构。

第五,课程与教材建设及实施问题。

(1)具体到一门课程建设要做到

①明确课程的目的意义,课程在专业中的地位、作用以及课程模块地位。

一是要搞清楚这个专业为什么要上这门课,这门课在课程当中的地位是什么。

二是要搞清楚这个课程在设计的四大模块当中处于什么地位。现在很多人搞不清楚课程在四大模块当中是什么地位,它到底是基础知识课程,还是专业课程,还是岗位方向课程,还是人文素质课程。在四大模块当中,对知识的要求是千差万别的。

学校这次为什么要把英语从人文素质基础课程中剔除?因为搞不清楚每一个专业的英语要上到什么样的程度。我们的电子商务等专业,假如说英语是基础课程或是专业课程,那要大上特上;要专升本的专业,英语就必须要以本科的要求来上;其他的一些专业要上英语吗?搞不清楚。而且如果所有的同学都上英语课的话,教师为了照顾基础差的人,英语课程会上得不深不透,基础好的人就学不好。所以一定要明确课程在专业中的地位以及在模块中的地位,明白为什么上,什么时候上。

②把握课程的目标、内容以及考核要求。

现在上课的教师不知道这个专业需要哪些知识、哪些方面的能力、有哪些方面的要求,所以课程一定要根据专业的要求来制定。

③明确课程的学时、学分。

在不同的模块中有不同的知识量和工作量,一定要明确学时和学分。

④明确课程的作业和考核方法。

美国对教育基本上是不管的,唯一管的就是课程,一个学校的课程制定经过了12道程序,他们的课程是相通的,在设计学院读了后到本科院校基本也是认的。我们现在在高职读了到本科院校他们认吗?不认。所以现在课程到底要上到什么程度,一定要进行认真研究。

(2)关于教材建设问题

教材建设一定要把握课程目标、内容和要求,与课程教学、学生层次相适应。

①教材要根据课程的标准要求来制定。

②编写教材要把握先进的教育思想理念,在编写中注重学生分析、应用、综合实践能力、逻辑思辨能力、科学研究能力的培养。

③要把握教材编写主线。

现在编写教材基本上有三条主线:a. 知识类的课程教材,要以理论知识体系为主线编写,实践要服务于理论;b. 能力提升类课程教材,要以实践能力为主线编写,理论要服务于实践;c. 素质类课程教材,要以素质的要素模块为主线编写。比如说政治思想教育课程,不仅仅是上毛泽东思想和特色社会主义理论课,这只是里面的一个模块,它还包括爱国主义、爱人民、爱社会等几大方面的模块构成。比如说心理素质模块,除了心理学,还包括挫折教育、身心教育、养身等等的知识模块,不能只上一门心理学。还有后来的岗位方向培训课程,要根据走向岗位所需要的能力模块来进行构建。

④注重教材适用对象、范围和创新。

⑤注重新知识、新方法的应用。

3. 课程标准和教材工作审核程序

制定课程标准和编写教材一定要经过 6 大审核程序。学院已经发过文件了,这里不再细说。

总的来说,在课程建设和教材编写过程中,首先,要注意千万不要把知识面当做课程,把教材当做知识面。其次,就是在教材建设过程当中,一定要解放思想,摆脱原来的教材束缚、教育方法束缚、传统授课方式和时间束缚、考核方式束缚、制度和上级要求方面的束缚,一定要有重建课程、重构课程、自编教材的信心和勇气。

4. 课程的实施问题

我希望我们的教师在教学过程中,发挥在教育质量提升工程中不可替代的作用。在座的教师,我可以说全部是天才教师。为什么?我们的教师由三部分组成,第一种是从台下走到台上,从学生变成教师;第二种是从下级跳到上级,从中专教师变成大专教师;第三种是科研人员半路出家,当了教师。但是我们所有的教师都很好地上了讲台,很好地上课,所以说我们在座的教师个个都是天才。

但是要真正当好高职教师,我个人认为要开展两方面研究:一要研究专业、研究教学内容、研究教学艺术,才能真正教好学;二要研究学生、研究社会、研究人生,自己有很好的修养和感悟,才能够育好人。只有做到这两方面研究,教师才能真正教书育人,真正成为大师。

一个教师,从最初的适应工作到胜任工作再到在工作中有自己的想法,基本上要经过 5 年时间。我们在座的除了引进和调过来的一些教师外,绝大部分还没有 5 年的高职教育经历。就这一块来说,希望教师要专心研究教材,在人才培养方面发挥作用。

5. 关于协同推进创新人才培养问题

协同推进创新人才培养的目的是要立足于"一个人",整合教育资源来培养不同的学生。要切实解决各个部门各自为政、"几层皮"的现象。教务处的学生、系部的学生、学生处的学生、团委的学生等等,实际上是"一个人",学院一定要整合教育资源来培养"一个人"。

　　协同包括内部协同和外部协同。外部协同指学院和行业、企业、政府方面的协同,内部的协同则是指学院部门之间和部门内部之间的协同。

　　这次我们的协同推进创新人才培养主要是要解决几个方面的问题:一是人文素质教育方面的协同,学生处和公共教学部要做;二是教育管理的协同,落脚点在部门和院系之间;三是就业与教学的协同;四是科研与教学的协同;五是创业与教学的协同;六是顶岗实习与教育的协同,等等。

　　总的一句话,全院上下,部门之间、系部之间、部门内部,在人才培养过程当中,要凝聚共同的目标,在总框架下各司其职、各尽其力,把好教育质量这一关,将教育质量提升到一个更高水平,为学院的下一步发展打下坚实基础。

　　(2013 年 6 月 5 日在教育质量提升工程动员大会上的讲话)

坚定不移实施教育质量提升工程解决好教育发展问题

学院的人才培养工作，正处于由拿来主义办学向有自己思想办学转变的关键时刻。这几年学院对培养什么样的人、怎么样培养人有了自己的想法，出台了很多政策措施。在转变的关键时刻，我们一定要坚定不移地实施第二轮教育质量提升工程，在工作中做到五个"到位"和五个"注重"。

一、五个"到位"

1. 教育思想要到位

（1）要切实树立教育第一思想，教学是学院的首要任务。

（2）要切实树立学生第一思想，学生是学院最重要的产出，教育学生是学院的第一任务。

（3）要切实树立质量第一思想，学生的质量是学校好坏最重要的标志。

（4）要切实树立教师第一思想，发展依靠教师，发展教师也是学院的目的。

（5）要切实树立高职教育理念，在新一轮教育改革过程中，我们的教育思想要真正认识到位。去年下半年去美国访问，对我思想震动很大的一点是，作为校长和教育工作者，一定要有自己的教育思想，要对最本质的问题有自己深刻的认识和亲身体会。

2. 人才培养模式改革要到位

3. 点线面体的课程建设和改革要到位

学院原来提出课程建设要有八道程序把关，我想问一问现在有多少门课程建设经过了这八道程序，或者说已经走了几道程序？这项工作务必要予以贯彻落实，保质保量、点线面体地进行课程建设改革。

4. 人才培养的协同创新、全员育人工作方式要到位

5.相应的配套政策措施要到位

今天会议上提出的一系列改革目标都需要配套措施跟上。以前我经常讲的一句话是,行政工作的最高境界就是把自己的事变成领导的事,领导帮你去做你想做的事。现在我觉得这句话不够,还要再加一句,把自己的事变成下面的事。上级领导把任务交给你做,下面的一系列政策措施能不能跟上,配套政策措施如果跟不上,任务就完成不了。这次会议后续的讨论重点,就是下一步改革发展政策措施和配套建设方面的问题。

二、五个"注重"

1.注重整合资源,服务教育发展

各个系、各个专业要思考怎样有效地利用和整合社会各类资源,为我所用,更好地办学。社会各类资源包括智力资源和物力资源,各专业主任要尽快做好这篇文章。在这点上,种子专业树立了很好的典范,他们聘请了浙江省种子管理总站吴伟研究员兼任学术委员会主任,在推动专业建设、整合社会资源方面做得很出色。

2.注重订单培养、校企合作培养人

订单教育是职业教育的起点。现在订单教育不多,在这块上大家一定要想想办法,企业不下订单,我们就上门去落实、去推销,特别是去一些高水平的、能够实现学生体面就业的单位。现在到学院下订单的企业,基本上要的是低端劳动力,工资待遇低,学院主动找上门要求下订单的企业,可能就有相对较高的工资待遇。高水平的校企合作,实际上是培养人才,特别是培养高质量、能体面就业的精英人才非常重要的途径。因此,在校企合作上要选择高端的企业合作,打开新思路,迈出新步伐。

3.注重发挥教师的教学积极性

学院不管以什么样的思想培养学生,用什么样的方法培养学生,最终都归结到教师的具体实施和落实上,归结到课堂教育上,教师是教育质量的关键。教师的素质是关键,也是非常重要的决定性因素。

省委书记夏宝龙也提到过,教师上好课和上不好课的报酬要不一样。今年学院在这一块上要采取措施,制定一系列政策,调动教师的教学积极性,把主要精力放到教学上。这些政策措施如何制定,大家要一起研究,既要包括教师能力提升的计划,也包括把教师的教学结果和职称评定、职务晋升进行挂钩,更重要的是要把教师的教学质量和收入水平挂钩。这次学院改革措施建议里也提出,教师的教学水平在全院前30％的、每节课给予补贴

10元,前60%的、每节课给予补贴5元等,主要目的就是鼓励教学质量好的教师,拉开分配差距。具体的举措需要进一步研究确定。

具体涉及教学质量如何评估,教务处要牵头研究。我个人认为至少包括三个方面:课程改革效果、课堂教学质量和学生学习结果。要综合考虑、综合评定每位老师对每门课程的教育质量。如果教师连续几年教育质量都比较好,以后就免于检查;如果连续几年教育质量都不行,课程就减下来。课堂教学质量排名要跟职称挂钩,同时高级、中级、初级三个级别的职称评定分数要拉开,高级的分数一定要比中级分数高。学院要拿出相当的经费,支持教师重视课堂教学,要给专门从事教学工作的教师一定的荣誉。美国芝加哥大学在这方面就做得很好,教学质量好的老师,在学校里一定会有崇高的地位,会有荣誉教师等称号。希望在如何调动教师积极性方面,大家要多想举措。

4.注重调动学生的学习积极性

教和学是相辅相成的,在怎么样提高学生的积极性上,希望从四个方面入手,提出一系列政策措施。

(1)增强学习动力。使学生在思想上开窍,明白学习是自己的事情。

(2)增加学业压力。就是在学习过程中,让学生不得不学。夏宝龙书记也指出,现在小学生压力重,大学生压力反而轻,这不对。其实现在研究型的大学中,学生的学业依然很重,只有普通院校特别是高职院校,学生的学业才越来越轻。我们学院现在图书馆的上座率可能50%都不到,就是在图书馆里的,也有很多是玩电脑、谈恋爱,真正看书的没几个。所以要采取措施把学生"赶"到图书馆去学习,要思考怎样通过课程改革,通过课时、考试制度改革,加强过程性考核,增加学生学业压力。

(3)增加学习吸引力。要大面积调整相关政策,学生的评优、评奖、评干部等与学习成绩挂钩,学生的补助政策与学习成绩挂钩,采取多种措施增加学习吸引力。

(4)严格考核标准。这次夏宝龙书记讲过一句话,他说要敢于对学生说不。考试通不过的就是通不过,学生不能毕业的就是不给毕业。他说,现在高职院校学生毕业率为95%,这个95%到底是真的还是假的?学校需不需要95%的毕业率?学生有95%的毕业率,社会为什么对我们的教育还不满意?这三个问题大家都要想一想。

学院今年在如何调动学生学习积极性方面,要广泛地进行研究,采取一系列政策措施。学院要敢对学生说不,要坚持标准,严格治学,严格教育学生、管理学生。

5. 注重学生的产出和精英学生的培养

新一轮高职教育质量比的就是教学质量，比学生的产出，比体面就业，比精英学生的培养，这种趋势越来越明显。什么是精英学生？简单地说，就是学生创业、体面就业和学习的典范。学校需要精英学生去宣传，去提高对考生和社会的吸引力，提高学生对学习的激动力。但是当前我们学院还没有树立培养精英学生的思想，没有培养精英学生的工作设计，也没有培养精英学生的工作投入，更没有培养精英学生的行动。这方面一定要有所改变，各个系、各专业要有所设计、有所投入，至少要培养 10％ 的精英学生，并逐步提高比例。应当说我们学院具备很好的条件，比如科研条件、开展的"导师＋项目＋团队"等做法，这些都为精英学生的培养提供了基础。

（2013 年 8 月 29 日在暑期中层干部会议上的讲话）

温州科技职业学院人才培养工作评估汇报

（2011 年 11 月 27 日）

尊敬的各位专家，各位领导：

大家好！根据这次评估的要求，下面请允许我代表学院领导班子和全院师生，向大家汇报温州科技职业学院的办学情况。

温州科技职业学院于 2006 年 5 月经省人民政府批准在温州市农科院基础上筹建，2008 年 2 月正式建立。

学院的前身是 1950 年创办的浙江省立温州农业技术学校和 1958 年建立的温州专区农业科学研究所，至今已为社会培养和输送各类专业人才 1 万多名，科研工作曾受到国务院嘉奖。

高职办学五年来，学院规模稳步扩大，建立了 5 系 1 部 1 院，全日制在校生达到 5247 人，教职员工增加到 453 人，建筑面积超过 17 万平方米，教科研仪器设备价值超过 4000 万元，学院总体发展态势良好。

全院上下高度重视此次人才培养评估工作。评建期间，学院确立了"互学互比迎评估、凝心聚力促发展"这个主题，加强组织领导，科学制定迎评工作方案，全面、扎实地开展迎评促建工作。通过评建工作，学院进一步理清了建设发展思路，完善了办学条件，提高了办学质量。

一、把握要求，明确定位，科学规划院校发展

学院牢牢把握地方经济社会发展要求和高职教育发展趋势，明确发展定位，解决建设发展关键问题，科学规划院校发展。

（一）在办学方向上，我院牢牢把握"三大"基本要求

1. 牢牢把握温州市委市政府的要求，保留了农科院建制，建设农业科研强院，为温州经济社会发展特别是"三农"发展提供科技支撑。

2.牢牢把握省政府的要求,突出农字特色,努力建设特色鲜明的高职院校。

3.牢牢把握高职教育发展要求,根据《国家中长期教育改革与发展规划纲要》精神,努力建设学历教育与社会培训并举的社会型高职院校,努力建设教育、科研、服务全面发展的高职院校。

(二)在办学目标上,我院明确了"六大"基本定位

1.发展模式定位。努力创建农业、科研、教育一体化的高职院校,推进农业、科研、教育事业全面发展。

2.专业建设定位。坚持"社会需求办专业、错位发展办专业、借助优势办专业"三大原则,突出农字特色,做精农类专业,做强非农专业。

3.人才培养目标定位。旨在培养岗位就业需求与未来发展相统一的,社会欢迎、学生体面就业的高端技能型人才。

4.办学形式定位。立足全日制高职学历教育,大力发展成教培训事业,构建学历教育和社会培训"双轮"驱动的高职院校。

5.科研定位。立足农业科研,拓展非农科研,追求科研产出,壮大科研实力,努力创建区域性农业科研强院。

6.服务定位。充分发挥教育、科研优势,全力推进科研成果转化、示范推广和"三农"服务工作,努力建设服务型高职院校。

(三)在办学体制上,我院解决了"五大"关键问题

我院是全国目前唯一一所在农科院基础上办学的高职院校,温州市委、市政府以"五个一、五个二"的形式解决了我院办学体制问题。其内涵是:

一套班子、两块牌子:"温州科技职业学院"和"温州市农业科学研究院"两块牌子配备一套人马;

一个学院、两大职能:温州科技职业学院同时承担高职教育和农业科研两大职能;

一个隶属、两个归口:隶属温州市政府领导,归口教育和农业两个系统管理;

一套机构、两类编制:管理上设置一套机构,给予教育和农业编制;

一块资金、两条渠道:资金统一核算管理,来源有教育口和农业口两条渠道。

温州市委、市政府在人、财、物等方面给予高度支持。学院计划总编制数为922个;2011年财政拨款达到1.69亿元;学院自有土地面积600多亩,可使用土地面积达1000多亩,学院后续发展政策措施保障有力。我院的办学体制也将为国内其他科研院所办学提供经验。

二、明确目标,真抓实干,积极改善办学条件

学院根据《普通高等学校基本办学条件指标(试行)》的要求,不断加大投入,努力改善办学条件。学院办学资金由政府全额投资、无任何贷款,办学以来,市财政累计投入 6.92 亿元。现已完成校园一期工程和二期大部分工程建设,各项办学条件均已达标(见下表)。

温州科技职业学院人才培养工作评估基本条件统计表

分类	序号	项　　目	综合院校标准	我院现状	我院指标总量
基本办学条件指标	1	生师比	18	16.72	全日制在校生数 4847 人;折合在校生数 4855 人;专任教师数 197 人;折合教师数 290.3 人
	2	具有研究生学位教师占专任教师比例(%)	15	75.63	硕士以上学位人数 149 人
	3	生均教学行政用房(平方米/生)	14	20.52	99453 平方米
	4	生均教学科研仪器设备值(元/生)	4000	8390.95	4073.89 万元
	5	生均图书(册)	80	80.54	39.102 万册
	6	实验、实习、实训场所及附属用房生均占有面积(平方米/生)	5.3	8.59	41719 平方米
监测办学条件指标	7	具有高级职务教师占专任教师的比例(%)	20	22.34	44
	8	生均占地面积(平方米/生)	54	84.36	613 亩
	9	生均学生宿舍面积(平方米/生)	6.5	11.84	57387 平方米
	10	百名学生配教学用计算机台数	8	38.50	1866 台
	11	百名学生配多媒体教室和语音实验室座位数	7	208.29	10096 座
	12	新增教学科研仪器设备所占比例(%)	10	12.62	增 456.6 万元
	13	生均年进书量(册)	3	23.9	增 11.6 万册

三、借鉴经验，强力推进，全面提升教学质量

作为一所起步较晚的高职院校，我院积极借鉴先进高职院校的办学经验，牢固树立教学中心地位和学生主体地位，结合自身优势与特色，在人才培养过程中坚持以专业建设为灵魂、以人才培养方案设计为关键，全面贯彻落实《教育部关于全面提高高等职业教育教学质量的若干意见》等文件精神，狠抓教学质量。

在人才培养过程中，我院牢牢把握"三道关"：

(一)牢牢把握专业建设关，努力提升人才培养质量

专业建设是学院建设的核心，也是学院发展的重要载体。办学以来，我院牢固坚持"社会需求办专业、错位发展办专业、借助优势办专业"三大原则建设专业。学院专业建设经历了以温州农校教育基础办专业、以农科院科研基础办专业和根据产业发展需求错位发展原则办专业的三个发展阶段。

经过几年的努力，学院建成农林牧渔、财经、电子信息和制造四大专业门类、八大核心专业群的 19 个专业，其中农类专业 9 个；建成省级特色专业 2 个，市级重点专业 1 个。学院的"低压电器制造及应用"属全国首创高职专业，"宠物医学"属浙江省首创高职专业，"连锁经营管理"属温州首创高职专业（见下表）。

温州科技职业学院专业建设情况表

院　系	专业设置	门　类	备　注
农业与生物技术系	设施农业技术	农林牧渔大类	省特色专业 市(院)重点专业
	种子生产与经营	农林牧渔大类	
	绿色食品生产与检验	农林牧渔大类	
	绿色食品生产与经营	农林牧渔大类	
园林系	园林技术	农林牧渔大类	省特色专业 院重点专业
	商品花卉	农林牧渔大类	
	园艺技术	农林牧渔大类	

续表

院 系	专业设置	门 类	备 注
动物科学系	畜牧兽医	农林牧渔大类	院重点专业
	宠物医学	农林牧渔大类	浙江省首创高职专业
信息技术系	计算机网络技术	电子信息大类	院重点专业
	数字媒体技术	电子信息大类	
	电子信息工程技术	电子信息大类	
	电气自动化技术	制造大类	
	低压电器制造及应用	制造大类	全国首创高职专业
	电子商务	财经大类	
经贸管理系	会计	财经大类	院重点专业
	国际商务	财经大类	
	市场营销	财经大类	
	连锁经营管理	财经大类	温州首创高职专业

（二）牢牢把握人才培养方案设计关，努力提升人才培养质量

人才培养方案是专业设计的核心，决定人才培养的质量。学院非常重视人才培养方案的制订，在工作中注重三个环节：

注重立项调研。新专业申报一般提前1年立项，拨专款开展广泛的社会调研。

注重科学论证。每一项人才培养方案都要经过课题组、专业指导委员会、教学工作委员会的反复论证，科学合理地制订方案。

注重剖析整改。我们根据社会需求发展变化和教学实际，借鉴先进学校的办学经验，及时地对已建专业进行剖析、优化和完善。2010学年，学院先后邀请10位专家来院指导专业剖析工作。

（三）牢牢把握教学质量关，努力提升人才培养质量

教学是实现专业人才培养方案目标最基本、最重要的手段，也是具体的实施环节。办学以来，学院在加强专业条件建设的同时，着重做了以下几方面工作：

1.注重内涵建设

学院大力实施教学质量提升工程，加大日常教学经费投入，内涵建设取

得明显成效：

在课程建设方面，建有省级精品课程 3 门，市级精品课程 7 门，院级重点建设课程 50 门；

在教材建设方面，建有国家级精品教材 1 部，省级重点教材 10 部，主编出版教材 17 部，在编教材 30 余部；

在实训条件建设方面，建有中央财政支持的职业教育实训基地 1 个，省高职高专院校示范性实训基地 2 个，省级合格校内实训基地 7 个，市级高校示范基地 1 个；

在教科研工作方面，探索出了以分层、分类形式开展教学改革与研究的模式，针对教学管理部门负责人、各专业带头人、广大一线教师开展不同层面的教改活动。现立项省新世纪教改课题 4 项，省教育体制改革项目 3 项，省教科规、省教科研、省教育技术等项目 20 项；

在制度建设方面，制定出台了《教师教学工作规范》等 38 项规章制度，强化了教学管理；

在教学质量监控方面，构建了院系二级教学督导体系，通过教学督导听课评教评学、教学检查等形式监控整个教学过程，确保教学工作项项有督查、事事有反馈、件件有落实。2010 学年，院系教学督导联合听评课累计 486 人次，听课量达 1177 节。

2.注重科研优势转化为教学优势

依托优势办专业。学院将科研优势融入专业建设中。如农生系依托"农作物育种"科研团队和浙南作物育种重点实验室，建成"种子生产与经营"专业等。

依托优势促教学。学院鼓励"科研进课堂"，要求优秀的科研人员同时承担教学任务，提升"双师型"教师队伍素质；鼓励"学生做科研"，通过"导师制"形式让学生参与科研项目，培养学生的科学创新精神和实践能力。

依托优势建课程。学院将最前沿的科研信息和实践成果融入课程与教材建设。如"家禽生产与育种"科研团队开发建设了《禽类生产》课程，并被列为省、市两级精品课程建设项目；学院编写的《插花与盆景》、《杨梅生产实用技术》、《蔬菜生产实用技术》等一批本土教材，汲取了本校科研团队最新的研究成果。

依托优势建基地。学院充分利用"国家大宗蔬菜产业体系温州综合试验站"等各类科研平台和科研服务工作网络资源，为学生实训实习提供对口基地。

3.注重校企合作办学

学院建立了政府、企业、行业和学院共同参与的校企合作办学四方联动机制，与企业共同设计人才培养方案、共同开发课程、共同建设实训基地、共同解决就业问题、共同研发技术与产品。

发挥区域优势，促进校企合作。学院发挥温州民营经济发达、中小企业众多的优势，邀请企业参与人才培养工作。已建立校外实训实习基地108个，与企业合作办班13个，订单培养人才334名。目前，有大批企业优秀技术人员担任我院兼职教师，承担着实训、实习指导工作。

发挥行业优势，强化校企合作。学院与"三农"联系紧密，在校企合作方面得到了政府农业部门和农业企业、行业的大力支持。近三年，学院每年都邀请100多家农业龙头企业参加大学生农业创业就业助推活动，共同推动人才培养与就业工作。

发挥科研优势，助推校企合作。学院基于科研优势，与瑞安市华盛水产有限公司等知名龙头企业合作开展国家"863"计划项目的技术攻关；吸引了浙江海正化工股份有限公司等企业主动与我院开展人才培养与科研合作，共同践行人才培养模式改革。学院严格实施教师下企业挂职锻炼制度，在提高教师实践能力的同时，推动了实训实习基地建设和科研合作，深化校企合作内涵。

4.注重队伍建设

注重人才引进。学院每年确保200万元的人才引进经费，五年来累计引进各类人才190人，其中，高级职称21人，博士9人，改善了师资队伍结构。

注重人才培养。学院切实加强教学、科研骨干的培养，现有省市突出贡献中青年专家等高层次专业人才65名；共有244人取得高校教师资格证，151人取得"双师素质"教师资格；共有208人晋升（转评）中高级职称，师资队伍整体水平明显提升。

注重能力提升。学院积极开展师徒结对、教师互相听评课、教研周等活动，切实提升科研人员和青年教师的执教能力。积极创造条件，鼓励教师参加各类学习交流活动，助推个人与整体队伍素质的提升。三年来，参加各类高级研修班、学术交流和国内外访学等活动累计超过300人次。

四、突出优势，精心培育，着力彰显办学特色

学院坚持"农科结合、科教结合、农教结合"，推进农业、科研、教育事业协调发展。经过几年探索与实践，逐步形成了"农科教一体化"的办学特色，并取得了一定成绩。主要体现在以下几个方面：

1.科学研究方面

建立了完整的科教体系。现建有作物研究所等11个研究所和设施农业技术等28个教研室。

建立了开放的科研平台。现建有国家水稻原种繁育基地、浙南作物育种重点实验室、浙江大学博士后流动站分站等8个国家级和省级科研平台。

构建了合理的科研格局。明确了农业科研和高等教育理论研究同步发展的科研方向，形成了自然科学和人文社会科学共同发展的科研格局。

收获了丰硕的科研成果。"十一五"期间，立项省部级项目16项，获得省、市厅级奖项45项，通过国家、省级品种审定20项，外来科研经费2911万元。2011年，截至目前已立项省部级项目9项，获市级以上成果奖励8项（公示中），其中浙江省科学技术二等奖1项。

2.农类教育方面

在农类专业建设上，学院农类专业招生人数和在校生人数居全省高职院校之首。2011年全省农类专业招生3100人，其中我院招生数为900人。

在人才培养模式上，学院探索实施了农类专业"大类招生、平台教学、专业分流、方向定岗"的教育模式。

在推动农类教育上，学院是"浙江省农业技术类专业建设指导委员会"主任单位，积极发挥着应有的作用。2010年发起举办浙江省首届"禾益杯"高职农业技术职业技能大赛；今年发起组建了"浙江省农业技术类专业校外实训基地共享联盟"，这是国内高职院校校外实训基地建设的新举措。

3.创业就业方面

学院的创业教育实现了质的转变，成效显著：

创业教育理念由技能型教育向素质型教育转变，把学生的创业素质培养融入到人才培养理念中。2009年，我院"亲子农庄"创业项目获全国创意、创新、创业电子商务挑战赛一等奖。

创业教育途径由第二课堂向第一课堂转变，构建理论与实践并举、课堂与课外联动的创业教育体系，开设了《生涯发展与创业就业》等课程。

创业教育资源由相对封闭向全方位开放转变，利用社会资源来弥补学院资源的不足。现有8个省、市级创业教育基地落户我院，其中"浙江小企业创业基地"为省内唯一一个落户在高校的省级小企业创业基地。学院探索出了"导师＋项目＋团队＋基地＋农户"的创业教育新形式，已孵化"温州芳邻盆栽科技有限公司"等31家小企业。

学院通过创业教育推动了就业工作。根据麦可思报告分析,我院学生整体就业能力较强,在就业率、专业对口率等方面在省内高职院校处于中上水平。近三年学生平均就业率为95.58%,2010届畜牧兽医专业学生就业率达100%;设施农业技术专业和畜牧兽医专业学生,毕业后离职率低于全省15~20个百分点。

4.社会服务方面

科技兴农讲求实效。学院大力实施"科技兴农"工程,成立"专家服务团",建立"农业流动医院"。"十一五"期间,面向省内外累计推广新品种、新技术500万亩;下派科技特派员、农村指导员26人次。2011年,有5位同志被省委、省政府授予"优秀科技特派员"称号,受表彰人数列居全省高校首位。学院利用农村经济研究所等平台,积极参与编制《温州市农业和农村经济发展"十二五"规划》等,为"三农"工作提供科技支撑。

社会培训形式丰富。学院建立了系统的培训平台,职业技能鉴定涉农工种达到26种。学院利用中国绿色碳汇基金会碳汇技术培训基地、温州市大学生"村官"创业与研究基地等平台,开展碳汇管理与技术应用、大学生"村官"、退役军人素质提升、防灾减灾统计等特色培训。我院涉农培训工作深受省、市各级政府和社会各界的肯定,"十一五"期间培训农业从业人员3万余人次,学院被确定为"浙江省现代农业技术培训基地"。

五、正视问题,认清形势,正确把握整改方向

经过几年的建设发展,学院的办学工作取得了一定成绩,但是与示范性高职院校发展相比,我们在教育理念学习、人才队伍建设、校园基本建设和文化建设等方面还存在一定的差距。学院将以此次评估工作为契机,以省示范性高职院校建设标准来规划未来的发展,力争五年内把学院建成特色鲜明的高职院校和科研强院。下一步力争在以下几个方面有所突破:

1.强化高职教育理念

我们将继续加强对国家、省中长期教育改革和发展规划纲要、教育部有关高职教育方面的一系列文件精神的学习,组织骨干教师外出向国家、省示范院校学习,结合实际,大胆探索,力争在人才培养模式改革等方面有所突破。

2.加强人才队伍建设

加大人才引进与培养力度,计划每年引进博士20人;加强专业带头人培养和教学、科研团队建设。

3.加强基础设施建设

今年年底将启动校园三期工程,预计投资 2.2 亿元,建设 6 万平方米校舍。加快进度,按照市政府要求启动建设 1000 亩种子种苗基地。

4.加强校园文化建设

以"三农大讲坛"、农业流动总医院等校园品牌为载体,加强校园文化体系建设,全面优化育人环境。

以上汇报,敬请各位专家和领导批评指正,衷心感谢各位专家领导对我院的关心和支持!

谢谢大家!

温州科技职业学院人才培养工作、评估整改工作情况汇报

（2012 年 12 月 18 日）

各位专家，各位领导，同志们：

大家好！首先我谨代表学院全体师生对各位专家、领导莅临我院开展评估回访表示热烈的欢迎和衷心的感谢！

一年来，根据评估专家组的意见和市委市政府的要求，结合学院"十二五"发展规划，学院发挥自身优势，抓短板，攻难关，促提升，谋发展，各项事业得到快速发展，内涵建设取得新突破，办学水平迈上新台阶。

下面，我代表学院向大家汇报一年来学院发展情况和今后努力方向。

一、一年来学院的工作情况

2012 年学院开展了"互学互比促提升，创先争优谋发展"的主题活动，取得了以下 10 方面的成绩。

（一）学院发展步伐日益加快

我们在推进学院又好又快发展的同时，学院发展又面临着新的要求。

一是着手校园扩建。今年 9 月 16 日，省委常委、温州市委书记陈德荣来院考察，充分肯定了我院"农科教一体化、产学研相结合"的办学特色和办学成绩，希望我院进一步夯实基础，提高质量，继续保持良好的发展态势。

陈书记明确要求我院拓展校园面积，扩大办学规模，力争达到 12000 人。目前，校园东扩方案已获市委、市政府同意，方案设计工作进展顺利。

二是启动学院平阳分院建设。今年 10 月份以来，根据市委、市政府加快温州高等教育和职业教育发展要求，学院已启动与平阳县政府合作共建温州科技职业学院平阳分院，共同培养涉海专业人才。该分院规划占地面积

1000 多亩，现已落实相应地块。

（二）农类特色学院建设有力推进

我们坚持强化特色，全力推进农科教一体、产学研结合的特色高职院校和区域性农业科研强院建设。

一是加强农业高等职业教育。2012 年全院录取新生 2383 人，其中农类专业 10 个，共录取 954 人，占全院新生 40%。2012 年农类专业招生数列全省高校第一、全国 134 所农类高职院校第十；农类专业数及占总专业数比例、农类专业在校生人数列全省高职第一。

二是组建温州农民学院。启动招收首届农民大专学历教育学员 160 名，开展农村金融、农机维修专业培训 500 多人；在全省首创建立农民学院分院。农民学院创建工作受到省委常委、市委书记陈德荣充分肯定。

三是成立温州农业职业教育联盟。联合市教育局、市农业局、各县市涉农中职学校和农广校、农业龙头企业等，建立政府、企业、行业、学院四方联动的温州农业职业教育联盟，实现教育资源共享、互利共赢，提升温州农业职业教育水平和品牌，提高对行业、区域经济和社会发展的贡献度。

四是推进"三农"服务工作。根据 2012 年中央一号文件要求，学院主动设计和开展农业科技服务推进年系列活动，实施农业科技进村入户"八大行动"，建立农业科技服务"十大基地"，"三农"服务成效显著。今年，有 3 人被授予"省优秀科技特派员"称号，受省委、省政府表彰人数列全省高职和地市级农科院所第一。

五是加强各类服务平台建设。"三农"研究中心被评为市十大重点社科基地之一；农林牧实训中心被列为市公共实训中心；分析测试中心被评定为市行业公共服务平台。

（三）办学基本条件建设逐步优化

我们坚持创建绿色、生态、优美的校园，加大建设力度，办学条件进一步优化。

一是推进校园二期、三期建设。投资 1.49 亿元、建筑面积 4.3 万平方米的二期建设项目年底将全面完工；投资 2.25 亿元、建筑面积 5.9 万平方米的三期建设项目将年底启动。

二是推进温州种子种苗科技园建设。科技园规划占地 1030 亩，估算总投资 8500 万元，项目已列入温州市 2012 年重点建设项目，现已完成选址、立项审批、配套设施等前期建设，年底将完成 300 万元投资任务。

三是加大重点实训基地建设力度。2012年畜牧兽医专业实训基地获中央财政支持,建设资金360万元。

四是注重改善校内实验实训条件。新增实验实训设备总值458万元,建成"五位一体"功能的校内生产性实训基地4个。

五是推进校外实训基地建设。新增集"教学实训、顶岗实习、就业创业"功能于一体的校外实习实训就业基地46个。评选校企合作典范企业10家。

(四)高职教育的认识逐步提升

我们坚持培育先进的高职教育理念,成立高职教育研究所,启动高职教育理论和实践研究,开展专业建设和研究所建设"互学互比"活动,组织各专业、各部门、各研究所446人次前往国内20所一流的院校考察学习,进一步理清高职教育理念,提升对高职教育的认识。

一是理清对高职院校发展的认识。我们始终坚持高校的理想追求,强调高校要有远大的发展目标和志向。

二是理清高职院校对地方经济发展的认识。高职教育作为一种特殊类型的教育,要有为地方发展服务的意识,要能解决地方经济社会发展难题,要在地方上有地位。

三是理清高职人才培养方向的认识。我们认为高职人才培养既要解决学生当前就业需求问题,又要解决学生今后可持续发展能力问题。

四是理清高职教师能力发展的认识。我们需要的教师不仅仅具备教学和"双师"能力,更要具备科研能力、社会服务能力,也就是"三能"教师。

(五)高职教育改革不断深化

我们坚持将改革作为人才培养工作上层次、上水平的重要推力,注重人才培养工作的顶层设计,强化人才培养工作体制机制改革。

一是深化人才培养模式改革。在设施农业技术等农类专业试点实行"平台教学、专业分流、岗位培养"的人才培养模式改革,提升人才培养质量。

二是试点开展"3+X"人才培养协同创新改革。以"导师+项目+团队+X"的模式,注重培养学生的创新能力、创业能力、就业能力、实践能力、服务能力和人文素质。

三是深化实践教学体系建设改革。截至11月底,已投入1034万元,完成20个专业实践教学体系建设。

四是开展专业绩效考核。结合麦可思报告和人才状态数据等信息,就专业报考率、报到率、巩固率、就业对口率、学生满意率等指标开展专业绩效考核。

(六)人才培养质量稳步提升

我们坚持人才培养质量第一的原则,旨在培养岗位就业需求与未来发展相统一的,社会欢迎、学生体面就业的高端技能型人才。

一是注重学生就业工作。2012届毕业生就业率96.4%,达到全省高校优秀就业率水平,毕业生深受用人单位和社会高度评价。

二是注重学生创业工作。全年孵化小企业24家,学院被评为温州市大学生创业孵化优秀基地。同时,我院参与建设的温州大学科技园通过了科技部、教育部国家大学科技园评审。

三是注重学生技能竞赛工作。全年获省级以上奖项50项,其中国家级奖项19项,特别是获得了全国数学建模比赛一等奖、第三届全国大学生电子商务"创新、创意及创业"挑战赛"成都国际商贸城杯"总决赛二等奖等。

(七)科研强院战略扎实推进

我们坚持推进科研强院战略,注重发挥学院科研工作优势,强化科研对办学工作的助推效应。

一是拓展研究领域。在原有基础上新建温州碳汇研究院、现代农业规划研究所等专业研究所。现有各类专业研究所14个,建有省级科研平台1个,市级科研平台4个,院士工作站1个。

二是提升科研创新能力。2011年到位科研纵向经费达1009万元,列全省高职第一;获得省科学技术奖二等奖1项。2012年获省部级项目12项,其中首次以主持单位身份获国家级科研项目1项,截至11月底,到位科研经费已达937万元,预计今年将超过去年。

(八)人才建设力度不断加大

我们坚持引进、培养并举,大力实施青年教师培养工程、名师队伍建设工程、教授博士建设工程、"双师"队伍建设工程、兼职教师队伍建设工程,全力提升师资队伍水平。

一是召开全院人才工作会议。推出各类人才引进和加强教研室主任队伍建设等八大新举措。

二是加大人才引进力度。全年引进正高职称1人,副高职称2人、博士8人、柔性人才1人、急需专业硕士研究生19人。

三是注重教师职称评审。全年晋升正高职称4人、晋升(转评)副高职称11人,创学院历史新高。

四是加强高层次人才建设。获批市"551"第二层次培养人选 5 人、第三层次培养人选 9 人。

（九）成教培训工作深入开展

我们坚持高职人才培养和社会培训的"双轮"驱动办学思路，发挥学院教育和科研优势，全力推进成教培训，培训特色日益凸显。

一是新增退役士兵职业技能培训项目。对 91 名学员开展为期 4 个月的培训，学员结业时就业率达 83.5％。目前，市政府已同意我院挂牌成立"温州市退役士兵培训中心"。

二是拓展与部门合作培训。新增与市水利系统、食品协会、市体育局、市质监局、市民政局、市移民办等部门的合作培训。全年共完成各类培训 3967 人次。

（十）校园文化建设加快推进

我们坚持注重文化建设、文化育人，丰富校园文化活动，培育校园文化品牌，努力实现校园物质文化、精神文化和制度文化的全面、协调发展。

一是打造校园文化品牌。"农业流动医院"以全省高职高专组第二名获得"2012 年浙江省高校校园文化品牌"称号，并获教育部高校校园文化建设成果优秀奖（公示中）。

二是传承发扬温州地方民俗文化。开展非遗项目进校园、进课堂活动，成立温州南拳协会、大学生龙舟队、舞狮舞龙队并组织参加全国比赛，其中舞龙队获得"全国龙狮精英赛"铜奖。

三是丰富校园文化活动。大力开展"三农大讲坛"、"技能文化节"、"公寓文化节"等系列校园文化活动。今年 11 月份，学生寝室文化建设获得省高校文明寝室建设工作督查组高度评价。

在看到学院快速发展进步的同时，我们也清醒地认识到学院还存在以下几方面的不足：

一是高职教育理念还未完全到位，对高职办学认识还不够充分。

二是基础设施建设还未完全到位，办学条件还未能满足学院快速发展需要。

三是办学工作改革还未完全到位，很多方面的改革仍处于摸索之中。

四是发展能力提升还未完全到位，年轻教师比较多，能力发展提升的空间还很大。

二、下一阶段学院的发展方向

未来几年，我们将继续坚持全省领先的发展思路，继续朝着建设农科教一体、产学研结合的特色高职院校和区域性农业科研强院的发展目标迈进。

一是加大办学体制机制改革，在农类特色学院建设上寻求突破。

二是发挥农业科研工作优势，在区域性科研强院建设上寻求突破。

三是贯彻落实省委"两富"战略，在农类创业型学院建设上寻求突破。

四是提升高职服务地方发展能力，在服务型学院建设上寻求突破。

五是注重学生体面就业，在创建学生、家长及社会满意的高职学院建设上寻求突破。

以上汇报，敬请各位专家、各位领导批评指正！

谢谢大家

第三编

科学研究

发挥科研优势
实现科研与教学和谐共处同发展

　　科研是高校的灵魂,是推进高校发展的最主要载体,高校的发展必须要走科研强院的道路。对于农业科研而言,在新的形势之下,如何顺应形势发展的要求,在引领和支撑现代农业发展中发挥更加重要的作用,是摆在我们面前的重要课题。

　　温州科技职业学院是在温州市农科院、温州市农校、温州市蔬菜科学研究所的基础上合并组建而成,同时还挂着温州市农科院的牌子,可以说,学院在建院之初就与农业科研有着天然的联系。因此,这样一所带有显著"农"字头特色的高职院校,发展科研是其本质属性与要求。科研不仅是学院的职能需求、目标需求,更是其强教需求、强师需求。学院要实现农科教一体化、产学研相结合的农类特色高职院校和区域性农业科研强院,就必须紧紧围绕现代农业发展的新特点、新机遇、新要求,创新农业科研发展思路,在科技资源的配置上、在组织体系的构建上、在科研手段的创新上、在科研硬件条件建设上,加快农业科研转型升级步伐。只有这样,才能牢牢把握现代农业科技发展的主动权,在推进温州现代农业发展中建功立业。

　　作为一位农业科研出身的院校领导者,徐和昆院长高瞻远瞩、深思熟虑,用生动智慧的语言娓娓道来,阐发着其对农业科研的真知灼见。如何壮大科研的实力,如何实施科研强院的战略,如何处理好科研与教学的关系,如何将农业科研的优势转化为专业建设、人才培养的优势,如何认识以及处理好不同发展阶段的科研工作,这些问题的答案在本编中都不难找到。

实施科研强院战略　促进学院又好又快发展

今天我们在这里召开全院科研工作会议,这是我们学院筹建以来召开的第一次科研工作会议。会议的目的是认真分析、正确评价在高职学院建设背景下的科研工作,明确科研强院的发展战略,理清科研工作思路,推进科技进步,促进温州科技职业学院又好又快地发展。

下面我讲三个问题。

一、正确认识和分析高职学院建设背景下的科研工作

温州科技职业学院建立以后,相对于过去的农科院和温州农校,科研工作发生了非常深刻的变化。就如何正确看待这种变化,我谈四点想法。

(一)正确认识科研工作的内涵

我们学院的科研工作内涵可以从四个方面来认识:

一是科研工作的内容更加丰富、更加广泛。科研工作的内容从原来的以农业科研为主,转向以自然科学、人文社会科学、高职教育研究为主;教学科研工作从原来的以课程教育为主的教科研,转向以高职教育理论研究、高职教学改革研究为主。

二是科研工作的层次更高了。农业科研从原来的应用技术研究向基础性理论研究延伸,教学科研从原来的课程教育研究向教育改革和教育理论研究延伸。

三是科研工作的活动空间更大了。我们的科研工作从原来的科研系统扩张到教育系统和社科规系统,从原来的以温州为主,走向全省甚至全国。

四是科研工作的要求更高了。从环境对我们的总体评价来看,我们的科研工作已从市级层面提升到省级及以上的层次;从高教角度看,我们的科研成果也转向了更高的层次。

（二）正确认识我院科研工作的特殊性

我院的科研工作与其他高职院校相比有自己鲜明的特点，主要体现在三个方面：

一是发展过程的特殊性。这种特殊性来源于我们建院基础的特殊性。一般高职院校的科研工作，是从最初的教育科研，逐步地向自然、人文社会科学的科研方向发展，科研的发展是一个非常自然的过程，教育与科研工作能得到比较和谐的发展。而我院则相反，我们对自然科学的研究已有相当的基础，而教科研工作却非常薄弱，这就要求我们要有一个必然的、自觉的过程，要补好教科研这一课。教育科研与自然、人文社会科学科研之间会有矛盾。我院科研人员对自然科学情感比较重、兴趣比较浓，自然科研项目经费也比较多，但教科研经费少，转变难度大。

二是科研发展要求的特殊性。一般高职院校科研的发展是一个自然的过程，没有发展的压力。而我院对科研工作有强制性的要求，因为我们同时挂着温州市农科院的牌子，市政府给了我们科研发展的专项经费、人员编制等，社会环境对我们的科研产出有着必然的客观要求。

三是发展形势的特殊性。作为后起的高校，必须要加快建设发展，跟上其他院校的步伐，跟上形势发展的需要，在激烈的高职院校竞争中争取自己的立足之地。这个加快发展的时期，科研教育工作一起上，因此压力特别重大。

（三）正确认识我院科研工作的优势

许多到过我们学校的同志都说我院有鲜明的农业特色，有强大的科研优势，对这种优势我们要有一个正确的认识。如何看待这种优势？我们要从以下四方面去分析：

首先，这种优势是一种强大的优势。我们的科研总量、科研成果和科研水平的优势，这在高职院校中是出类拔萃的。这种优势还体现为我院的农业科研与高职教育有天然的融合性，因为我们从事的是应用技术研究，这方面的工作和高职教育有很好的融合性。此外，科研人才、工作内容等方面也特别适合于高职教育的发展。

其次，我们的优势是片面的优势，也是单一的优势。从自然科学发展的角度来讲，我们仅仅强在农业科研，人文社科刚起步，教科研工作还非常薄弱与落后。

第三，这种优势是一种远未转化过来的优势。我们的农业科研还远远没有转化为专业建设、人才培养的优势。

第四,这种优势是非常薄弱的优势。相对同类高职院校,我们的农业科研工作做得不错、是有优势的,但相比本科院校,我们的科研工作就不是优势,而是劣势,微不足道,上不了档次。也许10年前还有得一比,现在根本无法相提并论。

(四)正确认识这几年我院科研工作取得的成绩和存在的问题

首先,这几年科研人员取得的成绩是巨大的,成绩要充分肯定。我们建立了科技职业学院,基本保持了科研的稳定发展,取得了良好的成果,期间我们的科研人员付出了双倍的努力和艰辛的劳动,对此我要表示由衷的敬意!

其次,我们也要看到,相对于其他的科研院所,我们的科研工作是相对落后的。这种落后从客观上来说,是这几年我们把高职院的建设摆在了发展的首位,并以原来的科研工作作为基础和代价,把原来的科研基础转化为教学基础。形象地说,我们教学的结构是拆了科研这座墙建成的。从主观上说,这几年院校对科研工作领导不力,发展思路不够清晰,在抓好高职建设同时,如何保持科研的稳定发展还没有很好地规划。

二、正确认识科研强院战略

科研是高校的灵魂,是推进高校发展的最主要载体,高校的发展必然要走科研强院之路。

(一)要正确认识科研强院的重要意义

科研是我院的立院之本、稳定之基、特色所在、优势所在、职能所在、情感所系。没有科研就没有科技学院,失去科研就失去了根本,否定科研就是背叛自我,忽略科研就会迷失发展方向。

(二)要正确认识科研强院的目标和要求

科研强院的总体目标是要建成优秀的、有特色的高职院校和区域性的科研强院。具体来说,科研强院的要求是:

推动科技进步,服务于地方经济社会的发展;

推动教育改革发展,提高教学质量,培养优秀的人才;

推进教师队伍建设,提高教师素质;

推进科技产业的发展,壮大学院的经济实力。

（三）要正确认识科研强院的历史进程

高校的科研发展是自然的、也是必然的历史进程。高校科研的发展必须与高校的发展阶段和发展水平相适应。在高校不同的发展时期，科研工作承担着不同的历史使命。以我的理解，我院或其他高职院校，科研工作的历史进程大致要经历以下三个阶段：

第一阶段：即初级阶段，也是建校阶段或优先发展教育的阶段。

这个阶段高校建设发展的主要目标是：建立稳定的教育结构体系，切实加强教育的内涵建设，提高教育质量，确保教育地位。

这个阶段科研强院的最主要任务就是"科研强教"。

这个阶段的主要特征是进一步促进科研资源向教学资源的转化，迅速地将原有的科研优势转化为教学优势，迅速地将原有的优秀科研人才转化为教学人才。

这个阶段科研工作的首要任务是教科研工作。我们要大兴教科研之风，加强高职教育理论研究，加强教学改革研究，加强课程教学方面的研究，迅速解决高职院校建立之初教学方面的各种问题。

这个阶段最重要的成果是具有先进的高职教育理念，优秀的人才培养方案，不同层次的重点专业、示范专业、精品课程、优秀教材和其他标志性的教科研成果。

对我院来说，这个阶段最惨重的代价是原有科研的相对萎缩。这个阶段，一般的高职院校可能要经历10左右的时间，但对于我们已有大批具有良好科研意识的人才和相当的科研工作经验、方法的高职院来说，可能需要6～8年时间。如果我们从2006年筹建开始计算，至少我们还要3～4年的时间。在这个阶段，我们都要把教科研放在科研工作的首要位置。

第二阶段：即中级阶段，是教育相对稳定的阶段，也是教育和科研同步发展的阶段。

这个阶段高校发展的重点目标是大力发展自然科学、人文社会科学科研，并以此为载体大力拓展社会服务能力，谋求提高在教育界的地位和社会地位。

这个阶段的前提是：对学校而言是放心教学搞科研，对教师而言是放下教学搞科研，学校已具有相当的经济实力去发展科研。现在其他高校在科研工作上的大手笔投入，其前提就是他们已积累了强大的原始资本。

这个阶段最显著的特征是：科研工作成为教师的自然需求，是自身发展、提高自我的自觉需求,也是院校自然必然的要求。换句话说,发展科研不是迫于生存压力,而是自我发展的需求。因为科研的发展不仅仅依靠外部的支持而生存,还必须有强大的财力和物力的支持。

这个阶段最鲜明的表现为:高校研究所的大批涌现,科研人员甚至团队的大量引进,对科研条件的高强度投入,对科研成果的高强度奖励。

第三阶段:即高级阶段,也是教学得到升华、科研主导教育发展的阶段。

这个阶段的目标是建设研究型的大学。

这个阶段的前提是教学和科研成为品牌,科研成为学校发展的龙头,科研在全国处于核心的地位、垄断的地位。

这个阶段最大特征是:科研成为院校发展的决定力量,科研成为教学结构调整的推动力量。

这个阶段最鲜明的表现是:更高层次教育的确定,原有教学结构的相对收缩。如设立硕士、博士点等。

自学院筹建以来的几年时间内,我在不同的场合听到过不同的专家、领导对我院的科研工作有三种截然不同的评价:

第一种是持批评态度的,认为高职院校谈不上什么科研工作,更谈不上"科研强院";

第二种是羡慕的态度,认为我院科研优势明显,特色明显,发展潜力很大;

第三种是大力肯定,非常赞赏,同时认为现有的科研工作决不能放松。

当时我对第一种评价感到非常生气,认为他们不理解;对第二种评价我心里感到踏实,认为自己有实力;对第三种评价感到开心,认为有眼光。现在想想,他们讲得都有道理,只不过他们分别从不同视角、院校发展的不同阶段看待我院的科研工作。给出第一种评价的人看到的是今天,给出第二种评价的人看到的是明天,给出第三种评价的人看到的是后天。

在这几年筹建和建设过程中,作为高职院校筹建的主要负责人和农科院院长,在如何引领院校科研发展上,我曾感到非常迷惘和困惑。院校曾经一度在较长时间内,很少研究科研工作。在高职院校筹建、建设、发展面临的严重压力下,教育的发展不得不以科研作为代价,在各类资源相对不足的情况下,不得不拆东墙补西墙。

但是当我看到科研的相对落后,科研人员的不满情结和消极情绪,心里又感到非常不安和痛苦。这种使命与情感之间的矛盾,可能也带来了我院这几年科研发展总体思路上的混乱。这种混乱的根源在于我们还没有真正认识和把握高校科研发展的规律,还没有充分地认识和把握科研强院的历史进程和各个发展阶段的主要工作目标和任务,还不能妥善处理科研发展的今天、明天、后天的关系问题！今天,我们在这里召开科研工作会议,就是要理清科研工作思路,破解迷惘和困惑,促进科研工作的发展。

三、大力推进科研强院战略,推动科研事业的发展

我院的教育事业处于建校的初级阶段,但科研事业已进入中级阶段的进程。当前,我院科研工作的主要任务是尽快补上教科研这一课,稳定教育的发展,同时保持科研的相对稳定,进一步调整科研方向,优化人员结构,加强科研基础建设,谋求重点方向的突破,取得重大的科研成果。

我们要重点做好以下几项工作：

(一)加强科研体系建设

1.加强教学科研体系的建设。学院要建立高职教育研究所,加强教研室的建设,加强教学团队的建设。

2.加强研究所体系的建设。对研究所要进行分类指导,形成专兼结合的研究结构。研究所建设分三类：

第一类是以农业科研为主要任务的研究所和科研团队的建设,要相对独立；

第二类是以教学为主要任务的教研室以及教育科研高度融合(合一)的研究室的建设；

第三类是支持鼓励成立新的研究所。

对第一类研究所,要开展标准化建设。科研处已提出了标准研究所建设方案,希望做好规划,对原有基础较好的、方向明确的重点研究所和重点研究方向加以改造,引进高素质的科研人员,增加必要的科研设备和场所,保持和提高农业科研核心竞争力。换句话说,原来我们以科研为代价建学校,现在要以更高水平重建研究所。

(二)加强重点实验室、公共实验室、科研平台和基地的建设

这是评价我院有否实力、有否服务社会能力的标志性东西。

1.建好两个公共实验平台。做好测试中心、生物技术实验室的建设,要把主要经费投入到这两个实验中心购买重点仪器设备,建成开放性的实验平台,为全院科研工作提供服务,使先进的仪器设备集中管理,有效使用。

2.努力创建各级重点实验或工程技术研究中心。务必要加大工作力

度,力争建成温州市农产品质量安全重点实验室、设施蔬菜工程技术中心、禽类养殖技术重点实验室、食品加工重点实验室等,大力支持浙江省作物育种重点实验室的建设和发展。

3.努力创建各类试验基地和区域性试验站所。当前这些基地和站所基本上被垄断了,但他们的工作需要大量基础站所的配合,各所要明确研究方向,努力争取列入各级各类研究站所。同时要抓好学院上成基地、梧田基地的建设,当前特别要抓紧做好上成基地相关手续的审批工作。

4.努力创建博士后工作站。原来我们有个博士后工作站流动分站,现在要启动建设博士后工作站。

(三)切实加强科研制度建设

科研制度主要分为三类:

一是科研奖励政策。院里已出台了科研奖励政策,只要在科研工作中有较大产出的,一律给予奖励,明年院里计划拿出 100 万元经费用于科研各类奖励。

二是管理制度。特别是要加强科研立项管理,更好地发挥科研带头人的作用,形成团体攻关的工作模式。科研管理要实现五个转变:科研立项要从自由立项为主向指导立项为主转变,研究方式要从以个人奋斗向团队攻关转变,科研目的要从以争取科研经费为主向自主创新技术为主转变,科研成果要从注重评奖、发表论文为主要目标向既注重成果奖励又注重人才培养、学生就业、产业发展和农民增收为主要目标转变,技术服务形式要从专业服务向产业服务转变。

三是考核制度。这几年对科研工作的考核比较松散,下一步要进一步研究和加强科研工作考核,科研工作的目标和要求要列入各部门的责任目标体系。

(四)切实加强人才队伍建设

一是鼓励科研人员加入各级各类科研教学团队,这是我们得到社会承认的标志性成果;

二是组建院校各类科研教学团队;

三是大力引进结构性人才或团队;

四是加强科研与教学人才引进力度。

(五)切实加强思想作风建设

一是领导作风。学院各级领导在科研的发展中要承担起职责,狠抓作风,履行使命,一级抓一级,院里才能大兴教科研之风,形成良好的教学科研氛围。

二是科研作风。我们要大力发扬优秀的历史传统和优良的工作作风,求真务实,艰苦奋斗,严谨细致,勇于创新。

(六)大力支持农类研究所的建设与发展

学院制订优惠政策,大力支持研究所发展,给研究所一定的运行经费,对种子种苗工程、科研成果转化、重点科研方向给予专项经费支持,农业专项经费原则上投入到农类研究所建设中。

(七)进一步拓展对外科技合作与交流

加强与市、省及国家有关部门和院所的联系与合作,争取进入各级科研工作主流,力争要跑得出去、叫得响亮、做得了事,开创我院科研工作新局面。

(2009 年 11 月 1 日在全院科研工作会议上的讲话)

承前启后 继往开来 开创科研工作新局面

今天我们在这里召开全院科研工作会议,这是温州科技职业学院筹建以来召开的第三次科研工作会议。这次会议是在全国上下贯彻落实中央一号文件《关于加快推进农业科技创新持续增强农产品供给保障能力的若干意见》的背景下召开的,也是学院在基本完成教学、科研的结构建设,进入内涵建设、特色院校建设新的历史发展阶段召开的一次非常重要的会议。如果说我们前两次科研会议,解决的是在科技学院建设背景下科研的稳定和发展问题,以及深化对高校科研的认识问题,那么这次科研工作会议的目的,在于进一步提高认识,理清科研工作思路,明确科研工作目标,增强科研工作的紧迫性和历史责任感,加快科研进步,推动学院跨越式发展。下面我讲五个方面问题:

一、认真分析,客观评价我院当前的科研工作

如果从学院的前身——温州地区专属农场算起,我院的科研工作已走过了六十多年历程,应该说是一个资深的科研单位。经过六十多年的发展,我院的科研工作又如何呢? 可归纳为两点:

(一)科研工作得到迅速发展

发展主要体现在以下几个方面:

一是形成了相对完整的科研体系。建成了 13 个研究所,建立了 4 个国家级平台、3 个省级平台、4 个市级平台。

二是初步构建了自然科学与人文社会科学研究同步发展的格局。特别是科技学院建立之后,人文社会科学研究快速起步发展。

三是科研条件得到了极大改善。科研队伍迅速壮大。目前学院具有研究生学历的教职工 157 人(硕士学位 242 人)。科研规模迅速扩大。2011 年学院外来到位科研经费突破 1000 万元,在研省部级课题 26 项,市级课题 165 项。

目前学院的科研工作,在全省高职院校中可名列前三(经费);在全省地市级农科院中也名列前三;在全国 1500 多所科研院所中,"十五"期间的排名是 152 位("十一五"期间排名还未公布);2011 年学院被评为全国高职院校科研工作先进单位。

更难能可贵的是,我院的科研工作呈现良好的发展态势、具有很大的发展空间,科研特色优势得到了许多教育界专家和领导的高度赞赏。学院科研工作总的来说是:发展迅速,态势很好,评价不错,感觉良好。

(二)我院科研工作还有差距

这种差距主要表现在以下几个方面:

一是社会地位的相对下降。

尽管农业的战略地位和政治地位没什么变化,但是在国家以农业为主体的经济社会向以工业为主体的经济社会发展的进程中,随着农业 GDP 的减少,农业系统的社会地位随之下降,农科院所也不例外。

二是科研地位的相对落后。

从全省农科院所的情况看,以前是"北有嘉兴、南有温州",温州市农科所是浙江传统的区域性科研强所。而现在嘉兴市农科院、宁波市农科院已远远走在我们的前面。

从全市的科研情况来看,上世纪 90 年代前,温州市农科所是温州科研的第一大户。而现在温州医学院、温州大学已远超我们,甚至一些民间的科研机构实力也比我们强。像温州医学院获得了国家技术发明二等奖一项,国家科学技术进步二等奖四项,立项国家自然科学基金课题 86 项,仅国家自然科学基金经费就达 3150 万元,温大去年的外来科研经费也突破了 7000 万元。

三是社会价值体现不够。

我院曾获得过国家科技进步奖和发明奖,得到过国务院嘉奖,参加过国家的科技大会。温州市农科所育成的温州白猪在温州曾占统治地位,细绿萍的研究成果红遍大江南北,珍汕资源为杂交水稻的发展作出了巨大贡献,育成的温选青、温优 3 号等品种有很大的推广面积,温麦系列在温州曾占垄断地位,先进栽培技术、优良品种,几乎都是通过农科所引进试验示范的。而现在,我们自己育成的品种在温州的种植面积不大,自己研发的技术在温州影响力也不大。面对教育界的同仁和科技界、产业界的同仁，我们常会显得没有底气。

四是科研优势特色不够明显。

从更高层次来看科研工作，我们不得不承认，学院还没有优势明显的学科，没有特别优秀的研究所，还缺乏有影响力的高水平课题、高水平团队和高水平成果。我们与省农科院以及其他兄弟院校相比，有一定的差距。

我们之所以从历史角度、社会角度来纵向、横向地比较学院的科研发展，主要目的有三个：一是要肯定成绩，树立对科研发展的信心；二是要看到我们工作的差距，树立科研发展的历史责任感、使命感、危机感；三是从历史中总结科研工作的经验和教训。

那么，科研发展的历史经验教训又是什么？我认为有四点：

一是科研的发展与经济社会发展的宏观背景紧密相关；二是科研的发展与单位自身的重视与投入相关；三是科研的地位决定于高水平的成果、高水平的学科建设、高水平的团队；四是科研所的价值，取决于对经济社会发展的服务能力和所做的贡献。

二、认清形势，准确把握科研发展的历史机遇

当前，我院的科研发展正面临着非常重大的历史机遇，科研工作迎来了一个新的发展春天。这历史的机遇就是我们现在面临的政治机遇、经济机遇和学院发展的机遇。

从政治机遇来说，国家的发展从重视经济发展转向了重视社会发展，从重视城市发展转向了城乡统筹发展，"三农"的发展日益成为热点、重点、焦点问题。

从市场机遇来说，经济社会发展、经济转型升级，越来越依赖于科技进步。

从自身机遇来说，学院基本完成教学科研的结构建设以后，将进入质量提升、内涵建设的新阶段。这个历史机遇也体现在以下三大需求上：

一是国家的需求。

温家宝总理在今年的政府工作报告中指出：深入实施科技兴国战略和人才强国战略，大力发展教育事业，培养高素质人才队伍，是国家强盛、民族复兴的必由之路。

2012年中央一号文件指出：实现农业持续发展，长期保障农产品有效供给的根本出路在科技。农业科技是确保国家粮食安全的基础支撑，突破资源约束的必然选择,加强现代农业建设的决定力量。

二是地方的需求。

温州建设"三生融合·幸福温州"的发展战略和经济转型升级需要技术人才的支撑;城乡统筹、三分三改需要政策研究成果的支撑;现代农业、高效农业、生态农业的发展需要品种技术的支撑;农民增产增效增收需要技术服务的支撑。今年年初市政府还专门召开了农业科技工作会议,高度重视农业科技的发展。

三是学院的需求。

科研是学院的职能需求。我们同时挂着温州市农科院的牌子,当前学院的发展已进入质量提升、内涵建设的阶段,科研面临的形势是如何搞得更好的问题,而不是要不要搞的问题。

科研是学院的目标需求。学院的建设目标是农科教一体、产学研结合的农类特色高职院校和区域性农业科研强院。

科研是学院的强教需求。通过科研可以促进专业建设、促进教学改革、促进校企合作、促进教学质量提升、促进学生体面就业。

科研是学院的强师需求。科研是教师适应工作的要求,是提高工作水平的要求,是提高职称的要求,是获得实际利益的要求。

科研发展的历史机遇预示着我们的科研工作将会越来越得到宏观环境的支持、温州地方政府的支持、学院政策的支持;科研工作同时也会越来越成为广大教职员工的迫切追求和自觉行动。

今年中央财政对"三农"投入首超 1 万亿,对农业科技的投入也将持续加大,相信各级政府和相关部门都将会增加对农业的投入。

面对科研发展的历史机遇,我们要问自己是否已经做好了充分准备?我们要借此机遇发展什么? 做点什么? 我们必须确立一系列的科研工作目标,抓紧实施实现,否则这个历史机遇将会与我们擦肩而过!

三、明确目标,切实解决科研发展的关键问题

当前,我们的科研工作总体而言是好的,但也存在许多必须要解决的问题。从长远角度来说,学院必须要从三个层面解决三大基本问题:

1. 从学院层面或宏观层面来说,必须解决科研的地位和定位问题。

就科研的地位问题,我在以前的科研工作会议上讲得比较多,在这里我想强调的是:科研是大学区别于中小学的本质特征,没有科研就没有大学;科研是判断大学水平的最重要的尺度;科研是划分大学类型的最重要的依

据；科研是大学的灵魂，科研决定大学的地位。

对于我们高职院校来说，不是要不要搞科研的问题，而是你能不能搞、有没有的问题。就科研工作地位问题，我强调三点：

一是学院坚持建设农科教一体、产学研结合的特色高职院校和区域性科研强院的目标不会动摇；

二是学院坚持科研强院的发展战略不会动摇；

三是学院对各部门、所有干部职工科研工作的要求不会动摇。

没有科研就没有地位，学院如此，部门如此，每一位干部职工也是如此，希望大家对此要有充分的认识。

科研有许多领域，科研也有不同层次和类型。作为高职院校和区域性科研院所到底要搞什么科研，这就是科研的目标定位问题。

学院科研目标定位要坚持三个原则：

一是坚持以自然科学研究为主、人文社科研究为辅，重点发展自然科学研究，适度发展人文社科研究。坚持以农类科研为主，适度发展非农科研。

二是在自然科学研究中，坚持以种子种苗应用性技术研究为主，基础性理论研究、技术推广服务为辅。不要好高骛远，刻意追求基础性理论研究；不要妄自菲薄，自我陶醉于技术推广服务。

三是在人文社科研究中，坚持以"三农"问题研究为主，其他人文社科研究为辅，优先解决当前城乡统筹改革中的实际问题。

学院将对不同类型、不同层面的科研工作给予不同的扶持政策。

2.从研究所层面或者中观层面来说，必须要解决研究所建设发展问题。

学院科研发展主要依靠研究所的建设和发展。但这几年院里对研究所建设的重视程度不够，指导帮扶不够，投入力度还不够，主要是制定了相关的激励政策，以调动科研人员的积极性。前阶段提出过开展标准化研究所的建设活动，但也没有真正付诸实施。这种结果主要是由几年来教育的强压造成的。

在这里我想就研究所的建设谈一些想法。研究所建设必须要做到"五要"：

一要有明确的定位。

研究所必须要有明确的产业背景，产业背景是生存发展的基础。

研究所必须要有明确的研究方向，只有明确方向，才能深化发展、积累发展，形成优势；不求深而求广、东搞西搞，最后是一事无成。

研究所必须要有明确的专业技术优势，不能随意研究，要有人员物质基础和工作基础,否则想搞也搞不好。

总之,研究所的定位将决定研究所的预期价值和社会地位。

二要有一个团队。

要围绕研究方向组建一个集研究、开发、服务于一体的工作团队。团队要有优秀的带头人,力争团队上层次,成为院级、市级、省级或更高级别的团队,力争团队成员能加入更高层次的团队。要彻底改变科研工作自由主义、单打独斗的局面,改变研究、开发、服务相分离的工作局面。

三要有一个平台。

一定程度上可以说平台就是研究水平的标志、学科地位的标志。研究所要力争建成国家、省、市各级重点实验室、工程研究中心、区域性试验基地等,通过平台的建设,加快研究所的硬件设施建设,并且要充分发挥它的作用。

四要有一个网络。

一个研究所要有一个集研究、开发、服务于一体的工作网络。网络是一个研究所生存发展的空间,也是筹集各类发展资源的空间,要借助网络的建设搞好与各级政府和有关部门、大中专院校、科研单位、各产业、行业、协会和服务主体的关系。一定程度上可以说,网络的大小是一个研究所能力的体现。

学院要立足温州、走向杭州、走向北京、走向世界。要依托网络解决科研立题、科技成果转化和社会服务工作等方面的问题。

五要有一个机制。

要有一个能充分调动和发挥科研人员积极性和创造性的工作机制,要营造各研究所和谐的工作和生活氛围,要把研究所建成一个团结、统一、有战斗力的集体。

我们每一个研究所、每一位科研人员都必须认真地想一想,对照这"五个要",到底做到了什么程度。

省科技厅的朱德其处长多次说过,一个研究所、一位科研人员必须要明确想干什么、能干什么、有什么特点、手头有点什么、能解决什么问题;然后出现什么问题、有点什么事,人家才会想到你。否则一个研究所就是一个空泛的研究所。

一个科研人员也谈不上是真正的科研人员。今年学院开展的研究所"互学互比"活动,就受到了他的赞赏。

3.从个人层面或微观层面来说，必须要解决科研人员的科研能力问题。

科研业绩是靠教职员工的科研工作得来的，院校科研工作的发展取决于教职员工的科研能力。什么是科研能力？科研能力就是"发现问题、认识问题、分析问题、解决问题"的能力。

人的科研能力取决于三大要素：

一是先天的禀赋。人的科研能力是与生俱来的，因为我们的一生都在追问"这是什么，为了什么，怎么了，怎么办"等问题。

二是后天的教育。教育的最高层次或最高境界或最终目标是培养人的研究能力或创新创造能力。

三是社会的实践。主要是工作的积累、知识的积累和经验的积累。

我们在座的大多数同志都有研究生学历和科研工作的经历，都有相当不错的科研能力基础。作为农业科研战线上的一个"老兵"，在这里我想就如何提高科研能力、搞好科研工作谈一些认识和体会。

首先，科研是一种思想。科研的思想决定科研的价值。

从科研的本质要求来说，科研就是要创造知识，解决问题。

从科研的能力角度来说，科研思想就是发现问题的能力。

从科研的实施过程来说，是选题和立题的过程。作为科研人员，最苦恼的事情是立不上题、评不上好成果、写不出高水平的文章、科研成果得不到推广应用。究其原因，许多人会认为是自己的社会关系不够，其实根本原因是他没有很好的科研思想。

那么科研思想来自哪里呢？它来自于：对科研前沿问题的跟踪和把握，对科研政策的学习和把握，对生产问题的了解和把握，是"异想天开"和对未知世界的执着探求。

我非常担心许多同志走出校门以后，会丧失对探索未知世界的渴望，会放弃对科研前沿知识的学习跟踪，不懂得学习各级科技政策的重要性，不深入生产实际、不了解产业发展状况和存在的问题。既不能顶天也不能立地，只会闭门造车，简单效仿，一厢情愿地去立题，结果可想而知。因此，没有一定的科研思想，是不可能有一流的科研成果的。

第二，科研是一种方法。

从科研能力角度来说，科研方法是分析问题、解决问题、实现科研目标的途径和办法。

从科研实施过程来说，是科研设计的整个过程，科研设计决定科研预期的成果。一个优秀的设计或是实施方案，可以说至少完成了一个科研项目

70％的工作量。

但是我们在科研的设计过程中，经常会犯以下三种错误：

一是科研设计的缺失。分析问题的要素、影响因子考虑不全面，设计方案不系统、不完善，存在结构上的缺失。

二是设计上的错误。没有科学的设定对照，没有很好把握、研究对比的唯一差异性原则，导致结果的不可靠或无法下结论。

三是大题小做。没有正确评估课题的工作量和工作难度，目标设计超越了自己的工作能力、工作条件和科研经费所能承担的限度，导致工作任务无法完成或课题不可收拾。

以我自己的体会，科研设计要坚持三大原则：

一是完美设计。科研的设计必须要分析考虑所有的要素和影响因子，完美设计解决问题的方案，避免缺失。

二是现实选择。要摸清自己的条件能力，再作出正确选择，制订阶段性工作实施计划。

三是虚心求教。许多同志是在课题完成以后，在评审过程中才去请教他人，请人说好话，结果会发现许多无法更改、无法提出的问题。许多同志不愿意在立题设计过程中请教于人，感觉这样会丢掉面子。实际上这是极为不理智的，请教人的效果是随着科研进展而递减的。特别是刚刚从事科研工作的同志，有许多问题自己可能蒙在鼓里或者难得其解，而对于有一定造诣的科研人员来说，是一目了然的。

第三，科研是一门技术。

从科研能力的角度讲，技术是解决问题的动手能力；从科研实施过程来说，它是实施设计方案的具体过程，技术也是实现科研目的的工具。

先进的技术包括先进的技术手段、技术方法、分析方法、科学模型、评价体系等。没有先进的技术手段就写不出高水平的论文，出不了高水平的成果。技术是研究生的长处，技术也是所有科研人员要不断跟踪了解、学习和把握的，特别是对一些前沿的科技领域，老办法是出不了成果、上不了档次的。

但是技术很容易诱使我们犯两种错误：

一是迷恋技术搞效仿。只会利用技术的方法和手段模仿人家的东西，搞重复试验写论文，忘记了科研的本质，看起来高深实则无用。

二是迷恋技术忘判断。迷恋技术分析方法得出的结论，而没有科学地理解试验分析和实施过程中不可控的细节和误差所可能造成的影响。尤其对农业科学研究来说,首先要依靠的是直观判断或经验判断得出结论,其次才是利用技术方法得出结论来确认它,而不能相反。

第四,科研是一种关系。

科研工作是历史的进程,是团结协作的过程,同时也是社会工作的过程,涉及方方面面,与各种各样人打交道。搞好科研工作,仅有自身的科研能力是不够的,还要善于利用外力,助推自身科研的进步和发展。

做好一个科研人员必须处理好以下几个关系:

一是当前和历史的关系。

要善于继承和利用研究所原有的工作基础,善于站在巨人的肩膀上,使自己的科研工作有一个比较高的起点。

二是主角和配角的关系。

要甘当配角甚至"跑龙套"的,善于配合协作;要勇当主角,带好其他人。其实从"跑龙套"到配角到主角是人生进步发展的历程,也是科研工作人员必须要走过的历程。

我们许多同志,一心一意想当主角,不愿意当配角或"跑龙套",自己没课题,也不愿参与人家的课题,历史当然不会提供给你当主角的舞台。

我们有些同志,已当上了主角,但不能带动其他同志,没有配角,工作效率不高,实际上也演不了大戏,只能演独角戏,成不了大家。

三是孙子和老子的关系。

搞好科研工作要学会孙子兵法,发挥孙子精神。只有低调做人、善于求人才能获得环境的支持,为自己创造好的工作生活和进步的环境。

搞好科研工作又要当好老子,大胆组织、大胆管理,全力实现科研工作的目标。

我们有许多同志自恃才高、心高气傲,只想做指挥他人的老子。而现实社会从不会给不曾当孙子的人以当老子的机会,最终他只能从学子成为浪子,游离于主流社会之外,发发牢骚,一事无成。

第五,科研是一种精神。

作为优秀的科研人员必有一种特殊的精神,这种精神是对探索未知世界的执着追求,是吃苦耐劳的精神,更是十年磨一剑的精神。

功利是科研工作的原始动力,但仅以功利为目的搞科研是难有成就的。特别是从事农业科研的同志,要深入田头、山头、栏头,基本上没有什么休息时间,过的是"五加二"、"白加黑"的生活,科研过程也可能毫无利益收获。但他们具有科研精神,期待在沉默中爆发而一鸣惊人,也不惜在沉默中蛰居。

相比于老一代科研工作者,科研精神的衰退、科研作风的衰退,是当前我院科研工作一个比较突出而且必须要解决的问题。

四、加大投入,全力推进科研工作的进步和发展

学院成立以后,出台了一系列扶持科研发展的政策和措施,特别是奖励政策措施,相比兄弟院所是很优惠的。政策的出台对调动大家的科研工作积极性、保持院校稳定、促进科研发展,起到了非常积极的作用。

但是随着温州绩效工资的出台,根据市有关部门的要求,我们要对科研的奖励政策作出调整。在这样的背景下,如何推进科研工作,学院将要采取以下措施:

1. 加大基地建设的力度。

市政府决定投资1.59亿元,在瑞安市陶山镇租用1000亩土地建设温州种子种苗科技园。园区的建成将成为温州农业对外的一个窗口,也将从根本上解决我院科研基地和农类学生实验实训基地的建设问题。

园区现已完成规划设计,进入发改委会审阶段;土地租用顺利,预计很快会启动建设。学院要求农类的试验研究一律进入园区。各系各研究所要抓住这历史性的机遇,把园区规划好、建设好、使用好、管理好。

2. 加大科研大楼建设的力度。

根据院原建设规划,市政府将投资约1.5亿元在南校区建设面积2.5万平方米的4栋科研大楼,现已通过市发改委会审,即将进入建设阶段。

科研大楼建成后,学院要立足国内一流的标准,大力改善实验实训条件,对实验实训场所作整体规划,对各研究所的用房作整体规划。希望各系各研究所要抓住这历史性机遇,提出实验实训的建设规划和实施计划。

3. 加大科研教学设备的投入力度。"十二五"期间学院计划争取2000万元经费,用于科研教学设备购置,优先用于各级各类平台的建设。

4. 加大人才智力引进力度。"十二五"期间学院至少要争取1000万元经费,用于人才智力引进工作,重点实施博士引进工程、结构性人才引进工程和智力引进工程。

5. 加大人才培养培训力度。进一步支持教师的学历提升、进修培训、挂职锻炼、考察交流。

6. 加大科研项目成果孵化的支持力度。支持重大课题的前期准备,支持重大科研成果的申报,支持重大成果的转化、研发工作。

7.加大科技成果的示范推广和社会服务力度。下一步,学院将开展"科技促进年"系列活动。

8.加大对重点研究领域、研究方向的支持力度。特别要加大对育种工作的支持力度。

9.加大对开放式重点实验室、工程中心、研发中心的对外开放力度。研究出台相关政策、吸引社会力量共同参与研发;吸引博士后、博士、硕士来院参与科研工作;支持科研人员带硕士、博士。

10.加大为研究所牵线搭桥的力度。积极主动与各级部门、大专院校、科研院所建立友好关系,推进与行业、产业、协会、企业、大户合作以及对外科技合作交流。

五、加强领导,真抓实干,努力做好当前工作

学院要切实加强对科研工作的领导,加强研究所领导班子建设,加强对研究所和所长的考核工作,加强科研管理服务工作。各系各研究所的领导要切实承担起研究所建设和发展的职责。各学科带头人要切实承担起示范带头作用。院相关处室要提高认识,努力做好为研究所建设、为科研发展的服务工作。

当前院校科研工作任务非常繁重,也非常迫切,有几件事情要做好:

1.做好科研立项工作,力争实现科研经费超过1000万元的目标。

2.做好各类实验室、研发中心、实验实训基地的建设工作。

3.做好人才引进工作,不能高不成低不就,要主动出击,现实选择。

4.做好进入种子种苗科技园的前期工作。

5.开展好研究所"互学互比"活动。

同志们,学院希望通过这次会议,通过研究所"互学互比"活动,进一步统一全院干部职工的思想,进一步理清科研工作的思路,进一步明确科研工作的发展目标,进一步强化扶持科研发展的政策措施,进一步营造科研工作的氛围,动员全院干部职工投身科研工作,加快科研进步,推进学院各项工作的快速发展。

(2012 年 3 月 28 日在全院科研工作会议上的讲话)

坚持科研强院战略不动摇　力争标志性科研成果

总体来说,我们的科研工作走在全省高职院校的前列,有很好的基础,但当前也到了转型升级的关键点。一是科研工作已经有了数量基础,人才力量强、课题数量多、科研经费足;二是学院财务状况发生根本转变,科研人员不需要依赖科研经费生活。这些都给科研工作改革带来了重大历史契机。

科研工作应当怎么做?

一要坚持科研强院的发展战略不动摇,坚持科研、教育共同发展的目标不动摇。前些年科研工作受到教育教学较大的挤压,科研与教学工作矛盾突出。而现在的问题是,系里有没有发展科研的工作积极性。各个系部、各个研究所要把科研的发展作为重要的历史任务。

二要坚持追求,科研要追求标志性的成果,有影响力的产出和科研强校的成果。科研工作要切实改变三种局面:教师单打独斗、课题单打独斗、研究所单打独斗。从历史上看,科研工作的单打独斗问题一直解决不了。我们以前讲过,科研工作从个体科研走向研究所科研是历史性的进步,是高校科研发展的阶段性、标志性成果。科研从单干走向合作,也是科研工作标志性的成果。改革开放初期,邓小平最伟大的创举就是单干,农民单干、家庭工厂单干,但是发展到一定的程度,想要往更高水平走,就要从单干走向合作。农民要从单干走向农场、农庄,农业才会真正地发展;家庭工厂要从单干走向合作公司再走向股份公司,工业才会真正地发展。学院的科研工作也一样,如果都是单干,不强调组织运行模式、方法的升级,肯定取得不了大成果。这三种工作局面、三个"单打独斗"要切实予以改变。

我希望研究所要加强四个方面的工作:一是要加强研究方向、课题、队伍、设施的一体化建设,二是要加强科研示范、推广、开发、服务的一体化建设,三是要加强科研的协作攻关,四是要加强公共服务平台和科研团队建设。

学院要落实四项具体工作。

一要加强研究所管理，研究所领导必须承担起领导和发展研究所的职责。今年院里将制订 3 项措施：一是对研究所的考核。学院原先制定的《温州科技职业学院（温州市农科院）研究所管理办法》继续予以实施，考核内容可以进行改变，考核不合格的研究所所长就免掉，一免到底。第二项是对研究所所长的评先制度。今年要设立研究所所长评先制度和研究所评级制度，对优秀的所长予以表彰。第三项是各系研究所的研究人员要承担相应的研究任务。现在大部分考核下放到系部了，因此系部要制定相应的举措，对科研人员的科研工作要作具体要求。

二要加强科研管理，切实搞好科研一体化。立题是科研工作的起点，也是关键点。这几年我讲过很多次，要紧把立题关，发挥研究所所长和学术委员会的作用，但是效果并不好。所以今年对科研的立题工作一定要把好关，院里要出台科研工作立题指南，所里要出台科研项目立题指南，对不符合指南要求的，对内一律不予立题，对外一律不予推荐。坚持科研方向需要研究所的领导把好关，更需要院校的维护。

三要加强科研队伍建设。院里要支持研究所引进柔性人才和博士生，要建立人才库，编制人才清单，科研人员进入省级科研团队等的，给予相应的荣誉。

四要大力支持科研和科技服务的协作攻关。社会中一个问题的解决往往是综合多方面条件的。比如说种植，仅仅有种子还不行，还要有相应的栽培技术、植保技术、肥料技术等，所以一定要提倡协作攻关。它不仅包括院里多学科的协作，也包括学院和对外科技攻关的协作。

有两件事情一定要做好：一是集全院之力，针对温州经济社会发展或农业生产中存在的重大问题，立几个大课题。这些大课题能不能立起来，看大家有没有协作攻关。二是做好社会服务工作，包括科技强镇、科技强校、科研示范推广等工作，要讲究协作攻关，多学科合作。省农科院院长陈剑平在乐清设立了一个院士工作站，成立了铁皮石斛攻关组，专门研究铁皮石斛从生产、加工、销售、包装到走向社会的一系列问题。他集全院之力构建了这样一个团队，包括土肥、植保、栽培、育种等多个方向的十几位研究人员，共同研究提升铁皮石斛产量，解决铁皮石斛整个产业问题。我们也一样，假如院里能够集全院之力，协作攻关，解决某一重大问题，我们的地位也会提高。

（2013 年 8 月 29 日在暑期中层干部会议上的讲话摘录）

关于科研发展的问题

面对当前学院的科研工作,心态复杂:从发展历史上:可喜的进步;从高职科研的排名:优势和荣誉;从产业要求看:科研的产出偏低;如何搞好科研工作,我讲了很多。今天我想讲以下四点:

1. 进一步强化科研的价值导向

研究所的价值是什么?是要承担起对产业引领、支撑、服务发展的职责;科研(问题)的价值是什么?是要解决生产、生活、生态的问题。

我们要坚决摈弃自由科研、自恋科研、无效的无用的研究,科研人员要走出自我,走向社会。

2. 进一步强化研究所的建设

研究所长要切实承担起研究所发展的责任。要加强方向、团队、平台、设施和课题建设。

3. 建立以产出为导向的研究所的评价体系和奖励机制

要更加重视应用性研究,更加重视示范引进工作,更加重视社会服务的成效。

4. 打通外部、打通内部

要突破外部政策环境,营造内部环境。

(2014 年 10 月 8 日在学院中层干部会议上的讲话摘录)

科研转型升级　助推产业发展

"十二五"以来,我院科研蓬勃发展,国家级项目从无到有,省部级项目年均 10 项以上,市厅级项目年均 100 项以上,省级奖项年年有,论文专著持续增加,新品种、新技术不断涌现,外来科研经费连续三年超过 1000 万元,名列全省高职院校第一名。但是,标志性成果及领军人物仍然缺乏,科研结构还不够完善,显示度和影响力还不够强大。有鉴于此,在十八大和十八届三中全会精神引领下,学院领导适时发出了科研转型升级的动员令。

农业科技创新是现代农业发展的重要引擎,在新的形势下,农业科研如何顺应形势发展的要求,在引领和支撑现代农业发展中发挥更加重要的作用,是摆在我们面前的重要课题。只有紧紧围绕现代农业发展的新特点、新机遇、新要求,创新农业科研发展思路,在科技资源的配置上、在组织体系的构建上、在科研手段的创新上、在科研硬件条件建设上,加快农业科研转型升级步伐,才能牢牢把握现代农业科技发展的主动权,在推进温州现代农业发展中建功立业。

一、推进农业科研转型,重点要实现四个转变

一是由主要以传统大宗农作物育种向育种与引种相结合和现代高效设施农业调整,实现科研结构转变。

随着农业生产力的飞速发展,温饱问题的解决,人民生活质量水平的提高,农业形势发生了重大变化,在不断追求高产的同时,更加追求优质高效,农业结构日趋多元化、品种日趋多样化,设施农业逐步发展成为现代农业的重要生产方式和增收手段。现代农业的发展对农业科技创新提出了新的要求,但由于学科调整的滞后性,农业科研工作难以满足农业生产的科技需求。目前我们要把学科调整放到更为突出的位置,提出以农业科研转型引领现代农业发展的战略思路,在保持传统大宗农作物育种优势的基础上,加

强引种和高效农业领域研究。

二是由主要依靠传统研究手段向传统技术与高新技术相结合的技术构成转变。

近年来,以分子标记、转基因技术为代表的分子育种技术已成为植物育种发展的重要方向,分子育种正在由目前只能改变单个或少数遗传性状向系统改良转变。现代生物技术手段的广泛应用,大幅提升了育种的效率和育种的准确性,育种周期为原来的 1/4—1/3,育种的准确性使得优质、专用、多抗等性状的新品种不断涌现。

加强现代信息通讯技术与传统农业的结合也是推动农业科技革命的一个重要方面。通过计算机、互联网、物联网技术在农业上广泛应用,可以极大地提高农业的管理效率,特别是在质量安全管理与溯源方面有着广阔的前景。随着农业信息技术的开发应用,预示着人们将真正告别粗放的经验农业,走向现代精确农业时代。

三是由主要注重产中单项技术突破向产前产后延伸、加快产业技术体系配套集成转变。

在以往的农业科研设计中,多注重于农业的产中单项技术突破,解决生产中的某项关键技术问题。随着农业产业化进程的推进,迫切需要围绕农业的主导产业,将单项零散的技术集成起来,形成该产业的技术支撑体系,不仅要解决生产中的生产技术问题,还要有产前的规划设计、投入品研发、产后的贮藏保鲜加工技术。以鲜食玉米产业技术体系为例。在这条产业技术链中,包括优良品种的选育、无公害栽培技术、适宜的采摘期、采后的加工贮藏保鲜技术,要获得优质商品化农产品,哪个环节都很重要,不可分割。这是现代农业科研设计的一大特色和重要走向。

四是由注重农业的生产科研向生产、生态、生活相结合的全新大农业科研体系转变。

传统的农业概念主要指农业生产,随着时代的发展、社会的进步,农业的功能也在不断拓展。农业在基本的食物保障功能、原料供应功能、就业增收功能不断强化的同时,其生态保护功能、休闲观光功能、文化传承功能在不断彰显,涌现出了各种特色产业、生物质产业、生态产业、旅游休闲产业、农业文化产业等新型产业形态,创新和丰富了农业内涵。农业科研工作必须要顺应这种变化,不断加强不同学科的交叉渗透融合,向生产、生态、生活相结合的大农业科研体系转变。

二、加快农业科研升级,要着力推进四大建设

一是着力推进科研条件建设。科研设施条件是开展科研工作的基础。随着城市化进程和校园建设的快速推进,我院原有的试验地不断受到挤压,且土质、水质环境发生了很大的变化,迫切需要建设新的试验基地,加快科研设施的改造。近年来,我们围绕温州市种子种苗科技园建设,加快农业科研试验基地建设。同时,新建了浙江省浙南作物育种重点实验室、温州市农产品质量安全重点实验室、分析测试中心,在建温州市设施蔬菜工程技术中心、生物技术公共实验平台、种子种苗快繁中心等,促进了科研条件的迅速提升。拟早日建成科技大楼和教师公寓,进一步改善科研人员的办公、生活条件。

二是着力推进新兴学科建设。围绕现代农业发展需要,进一步加快学科调整步伐,努力发展新兴学科,以成果和项目为抓手,加快资源整合,促进重点学科的形成,力争在以下领域取得新的突破:一是在优质、专用农业新品种的选育上实现重大突破。二是在规模化养殖及疫病控制技术上实现重大突破。三是在设施农业装备及技术开发上实现重大突破。四是在农业信息物联网技术开发应用上实现重大突破。五是在农产品加工及食品质量安全检测技术上实现重大突破。六是在农业环境和循环农业研究上实现重大突破。七是在农业微生物开发、生物农业产业研究上实现重大突破。八是在农业功能延伸拓展研究上实现重大突破,努力构建新的优势学科群。同时加强"一所一特色"学科建设,努力为地方区域经济发展提供科技支撑。

三是着力推进创新团队建设。科学的发展已经进入"大科学"的时代,要完成一项综合性的科研任务,面对专业化带来的个人知识和技能的有限性,科研人员必须转而应用集体智慧,采取团队的方式开展科技攻关。农业科研攻关必须整合多学科的专家,形成创新团队,通过分工与协作,促进重大科技成果的产生。科研团队的建设关键是要有一批领军的科技将才。引进杰出人才是解决我院领军型将才短缺的捷径,也符合国家和省市人才工作的策略,但是"树大难移",我们要充分认识这项工作的难度,在挖掘外部人才的同时,也要重视现有突出科技人才的培育。在组织体系上,继续深化资源整合,推行"研究所—研究室—项目组"的科研组织形式,加强科研团队的建设。

四是着力推进创新体系建设。我院通过前几年的改革发展,分别成立

研究所和科技型企业,同时搭建重点实验室平台,全院形成"研究所＋重点实验室＋科技型企业"体系构架,从而形成科研－孵化－转化－产业化的新格局。研究所——主要围绕农业生产的需要,开展公益性科学研究,解决生产中的重大共性技术难题;重点实验室——主要是承接上游的研究,进一步熟化、孵化相关技术;科技型企业——主要是面向农业生产进行成果转化。

科研转型升级是一项任务重大、意义深远的系统工程,需要学院各部门各方面的大力配合,更需要我们全体科研人员自身的不懈努力。

第四编

_____

社会服务

发挥科技支撑的引领作用
探索服务区域新模式

　　众所周知,教学、科研和社会服务是高校的三大职能。与前两种职能相比,社会服务强调的是高等学校作为一个学术组织直接为社会做出的多方面的贡献。作为一所农类高职院校,如何紧扣国家"三农"工作需求,如何发挥"农科教"、"产学研"的优势,在科技扶贫、科技培训、社会主义新农村建设等方面做出贡献,这是"农"字头高职院校天然的使命。

　　本编的内容围绕温州科技职业学院"三农"服务工作的实践与探索展开。温州科技职业学院充分发挥学院"农科教一体化"的办学优势,立足"三农",打造品牌,以科研带动服务,助力温州经济社会发展。自建院以来,学院继承"三农"服务方面的优良历史传统,社会服务成绩显著。学院全方位推进"三农"服务,可以归纳为以下三方面:在农业科研方面,依托温州市农科院,强化农业科研应用研究,促进科研助农;在农业教育方面,成立温州农民学院,强化农民培训,促进教育强农;在农业推广方面,成立农业流动医院,强化技术推广服务,促进推广富农。节选的讲话稿充分展示了学院社会服务工作方面的成效,以及徐和昆院长对社会服务工作的重视。

切实发展成教事业
坚持服务温州"三农"事业不动摇

　　要切实加大成教事业、开发事业的力度。这些年我们在大力发展高职教育的时候，一定程度上忽视了对成教事业发展的领导。成教事业虽然有很大的进步，但是也存在许多问题，主要体现在以下三个方面：一是成教的工作面还比较窄，表现为重视学历教育、轻视培训教育，还没有真正做到立足温州经济社会的发展，立足人的终身教育搞成教事业；二是成教工作的投入不够，表现为成教部门单打独斗，还没有真正确立将高职院校从学生的高校转变为社会的高校的思想和全院办成教的思想；三是成教工作的条件比较差，一定程度上可以说是在"吃剩饭"，一直来用的是学校科研和高职教育剩余的办学资源。在新的发展时期，对成教工作必须要有新的认识，对成教工作要进行新的规划、新的定位，赋予新的内容。我想就怎样搞好成教工作，讲三点意见：一要有将我们的学院办成社会大学、全天候大学的决心，成教教育要立足高职，面向终身教育，要把成教事业的发展放在非常突出的位置上；二要全院办成教，各系部、研究所要自觉地将成教发展作为自己的工作任务，搞好成教的工作是服务社会的要求，同时是更好地立足温州、扩大知名度的最佳途径，也是增收的有效途径，我们要勇敢地面向社会、面向"三农"市场；三要加大力度改善成教的办学条件，这些条件包括硬条件和软条件，要把农类培训大楼建设起来，要把师资建设搞上去。

　　要坚持立足温州、服务"三农"的方向不动摇。充分发挥农业科研教育一体化的优势，牢固树立"有作为才有地位"的思想，积极探索农业科研教育一体化院校运行的新模式，切实解决当前工作中存在的产出不多、水平不高、影响不大的问题。在以后的工作中要加大三个方面力度：一是切实加大科技支撑力度，解决温州农业产业发展中存在的品种问题、关键技术方面的问题；二是切实加大人才支撑力度，在高职人才培养、农民培养培训和农村干部培训方面大有作为；三是切实加大社会服务力度，继续做好科技扶贫、科技培训、科技示范等方面的工作，充分发挥科研教育方面的优势。

（2009 年 8 月 25 日在暑期中层干部学习会上的讲话）

"十二五"服务型院校建设上要有所突破

"十一五"期间,学院成立了"三农"服务中心,建成国家职业技能鉴定所、温州市农村干部与农民培训中心,成立了农业流动总医院。推广新品种18个、推广面积500万亩次。派遣科技特派员26人次,教师下基层(企业)锻炼110人次,实施科技扶贫项目10项、资助50万元。开展大型科技下乡38次,举办农村干部和农民专题培训121期、13408人次,完成技能鉴定57期、4646人次,学院社会服务水平和质量不断增强,影响力和知名度进一步扩大。2010年是"十一五"的收官之年,我们的社会服务工作扎实推进。在全市建立水稻、甜玉米、花椰菜、番茄、灵昆鸡、诱虫黄胶板等新品种新技术核心示范基地7个、面积800亩。建立了"苍南台湾农民创业园"、"瑞安农业科技服务创新中心"等校地合作平台,成立了"三农"服务中心。我院农业流动总医院作为综合农业服务平台在科技服务社会方面发挥了重要作用,得到上级领导和社会各界的充分肯定。

立足"三农",打造品牌,在服务型院校建设上有所突破

"十二五"期间,要加大为农业、农村、农民服务力度。积极参与全市粮食生产功能区建设、现代农业园区建设和新一轮"菜篮子"基地建设。加强科技成果示范与推广。在省内外辐射推广新品种、新技术面积500万亩以上,开展规模科技服务200次以上,培训、指导人员5万人次以上。

要以农业流动总医院为平台,继续实施"百千万工程",即百名专家带领千名学生服务万计农民。

要立足全民教育,大力发展成教培训事业。参与"国家农村劳动力转移培训工程"和"农村实用人才培训工程",发挥"浙江省现代农业技术培训基地"、"温州市农村干部与农民培训中心"等平台的作用,开展各类技能培训,到"十二五"末培训"三农"从业人员1万人次以上。要搭建中职、高职、本科"立交桥"教育平台,加速推进中高职、本科人才一体化培养。加强与南京农

业大学等知名院校合作,联合培养本科、研究生等高学历农类专业人才。

要立足产业发展,大力发展职业技能鉴定工作。充分发挥"国家职业技能鉴定所"、"全国跟单员考点和培训基地"等平台的作用,到"十二五"末职业技能培训与鉴定达1万人次以上。

面向社会,开门办学,在社会型院校建设上有所突破

进一步强化高校意识、社会意识、温州意识,面向社会开门办学、开放办学,强化校地合作交流,提高服务地方发展的能力和水平。

推进学校、政府、企业、行业共建教学、科研和服务平台。做好"苍南台湾农民创业园"、"瑞安农业科技服务创新中心"等校地共建平台工作。

面向农业龙头企业、种养殖大户、涉农行业,建立农业科研成果与农产品交流展示中心。面向一线技术人员与广大农民,加强信息共享平台、技术咨询与服务平台建设。

提高学院的教育文化资源开放度,主动热情地向社区、中小学、部门行业开放学校的体育场所、文化设施和图书资源等,服务于温州文化大市建设。

(2011年2月19日在一届三次教职工代表大会暨工会会员代表大会上的工作报告)

扎实推进"四大平台"建设
努力开创"三农"服务工作新局面

学院自筹建之初就实行农科教一体化的办学模式，立足"三农"，坚持教育与科研齐头并进，通过科学整合和利用人才、科研与服务资源，精心打造教育、培训、科研和创业等四大平台，5年来学院得到快速发展，为培养高素质"三农"人才、建设社会主义新农村、发展现代农业做出了重要贡献。

一、打造农科教一体化的教育平台，培养现代农类专业人才

学院依托农业科研优势，坚持以农类专业为特色，探索和实践农科教一体化的农类专业人才培养模式，培养素质高、有特色、用得上的"三农"人才。通过农村科技示范基地与实训实习基地相结合、科技特派员制度与师资培养相结合、学生培训与勤工助学相结合，打造坚实的农科教一体化教育平台。

（一）科技示范基地与实训实习基地相结合，把课堂搬到"田间"

学院通过与地方政府合作，建立农村科技示范基地；与社会主义新农村建设相结合，建立科技推广示范基地暨学生实训基地；与涉农企业合作，建立学生实习就业基地。两年来，学院农类专业学生在科技示范基地、推广示范基地、实习就业基地学习、实训累计达 5500 多人次，真正做到把课堂搬到了"田间"，锻炼了学生的实践技能、动手能力，更直接服务了农业、农村和农民。例如：学院与温州市平阳县、瑞安市、龙湾区等建立了全面合作关系，在全市建立 5 万亩农村科技示范基地；规划设计乐清市虹桥镇、平阳县萧江镇等首批温州市社会主义新农村建议示范试点镇，并在示范镇中规划建设 10 个科技推广示范基地暨学生实训基地；与温州一鸣食品有限公司、苍南县江南牧场等 53 家涉农类企业合作建立学生实习就业基地。借助农村科技示范基地,不仅为学生提供实习实训的平台,更促进了当地农业经济的发展。学院常年为温州市基地生猪合作社提供技术服务和实验室主要疫病监测,使得畜禽发病率降低至 3‰~4‰,减少经济损失 210 万元以上;与蓝莓、瓯柑等 20 多个基地建立了长期科技合作关系,义务提供技术服务。

(二)科技特派员制度与师资培养相结合,把论文写在大地上

高等农业院校肩负服务"三农"的重大使命。科技学院充分发挥科研和人才优势,结合科技特派员制度培养学院师资,彻底改变了教师"闭门造车"、"纸上谈兵"的局面,增强了教师服务"三农"意识,提高了教师实践技能,建成一支名副其实的"双师型"教学团队。2006 年以来,学院共选派 35 名科技特派员和 8 名农村指导员分赴温州市 11 个县(市)区生产一线,推广具有自主知识产权的粮食、果蔬新品种 20 余个,推广应用先进适用技术 50 多项,实施农业科技项目 80 多项,为当地农民年创科技增益 2450 万元。

(三)实践培训与勤工助学相结合,把学生培养成服务者

科技学院通对学生农业知识、技能的培训,结合学生勤工助学实践活动,增强学生服务"三农"、服务社会意识,把学生培养成高素质的社会服务者。2006 年以来,学院借助"导师+项目+团队+基地+农户"的方式对 6100 人次学生开展了技能培训,学生通过培训后成为教师的助手,帮助指导农民农技,提高了实训效果。学生通过参加科技扶贫专项活动如"百名专家联百村帮千户"、"139 富民攻坚战"计划、"科技兴农服务团"等活动,积极参与服务"三农"、服务社会。学院还推出科研与勤工助学、暑期社会实践相结合举措,开展了家庭经济困难学生创新科研项目、协助教师课题研究、暑期下乡支农等活动。2 年来,成功立项家庭经济困难学生科研课题 19 项、参与教师科研课题 10 多项,协助推广新优品种、技术面积 36000 亩,挽回经济损失 2600 万元。每年的暑期社会实践,学院让学生深入农业第一生产线,参与"三农"问题调研、技术服务、政策咨询、扶贫支教等,还远赴四川省青川县青溪镇进行灾后"三农"援建实践服务,将学业生涯与服务经济社会发展紧密结合。

二、打造农科教一体化的培训平台,培养农村高素质劳动力

实施农村劳动力素质和基层干部培养工程,是加快社会主义新农村建设和构建社会主义和谐社会的重要手段。科技学院充分结合农业科研优势、教育师资优势,构建多层面的农科教一体化培训平台,培养了一大批高

素质的农村基层管理与生产人才。

（一）软件建设与硬件建设相结合，把培训平台搭在田间村头

加强硬件条件建设。学院千方百计搭建各类培训平台。如建立了国家职业技能鉴定所、温州市农村干部与农民培训中心、浙江省现代农业技术培训基地、温州市农村劳动力素质优秀培训基地、温州市大学生村官创业与研究基地等，并争取拥有了相关的政策配套措施。学院建立了培训大楼，配备一流的培训教学场地与设施，设有固定办公地点的联络处，为顺利开展培训工作提供硬件保障。

加强软件条件建设。一是加强组织管理。学院成立了成教培训学院，抽调具有丰富培训经验的人员组成团队，制定系统的管理制度，加强了培训管理。二是制定培训计划。学院制定了农村人才5年培训计划，确保每年开展培训30期以上，坚持"面布广"和"点做深"相结合，按照梯度渐进的原则，从文化程度低的对象到文化程度高的对象分年度落实培训计划，保证培训工作的连贯性。三是加强培训师资队伍建设。依托学院的教学科研团队，挑选骨干精英成立了"三农"服务专家讲师团，并有针对性地组织编写农民培训教材，期期更新、人手一本，并成为农民实际生产中随时可用的"字典"。四是建立健全培训网络。学院依托各类培训平台，疏通了国家、省、市、镇、村纵向联系渠道，健全了内外结合的横向培训网络，形成了上下联动、内外互补的立体式培训体系。

（二）学历教育与专业培训相结合，把人才培养理念延伸到各个层面

学院依托独特的培训平台和师资力量，实施开放办学、开门办学，基于高职教育，立足终身教育理念，面向社会开展全方位、多层次的立体式人才培养模式。在高质量完成高职全日制教育任务外，还与国内知名大学联合办学，培养高层次农类人才，如与南京农业大学联合培养开办了农业推广硕士研究生班。

根据"三农"需求，积极承担农村劳动力素质培训任务，常年开展农村干部、大学生村官、农业技术人员、种植大户、个体农民等培训。仅2010年上半年，就开展农技推广人员知识更新培训、村务公开网站管理员培训、大学生村官培训、农家乐培训等13期1200多人，完成种子繁育员、植保员等国家职业技能资格证书考证292人。

由于学院既有师资力量、又能提供实践平台，更能给予科研支撑，许多部门、企业、农业合作社等纷纷主动上门要求合作培养人才，并在联合培养

人才过程中进一步寻求合作点,深化了科技学院农科教一体化办学内涵。

（三）技术培训与观念教育相结合,把农民培养成农村实用人才

科技学院对农村劳动力的培养,注重"表里结合",在培训过程中将实用技术的培训与思想观念的教育合二为一,以高度的社会责任感履行高校职责。

首先,通过"一站式"与"快餐式"培训相结合对农民开展实用技术培训。"一站式"指在农闲时集中办班对农民进行培训,重点开展适用于生产一线的蔬菜新品种示范推广、先进实用种植技术、食品加工等10多个领域特色农业产业的农技知识。同时将培训与职业技能鉴定相结合,通过国家职业技能资格考核鉴定,达到了"培训一批、上岗一批"的目标。2006年至2009年,共有3060人获得了如果树工、蔬菜加工工、植保工等国家职业资格证书。"快餐式"指在农情关键期以及春耕、灾害等应急时期,组织农技专家到大田现场进行不间断的滚动式指导,面对面、手把手地进行即时、实地的培训,进一步体现了农技培训的实用性,是深受农民欢迎的一种服务形式。

其次,通过典型示范与宣传教育相结合,对农民开展农业政策与科技理念的宣传教育。科技学院建立以来,培养了一大批科技致富能手和脱贫致富乡（镇）村户,同时瞄准"全农"培训目标,营造"素质大培训"的环境,借助电视、报纸、网络、宣传栏、知识册、专题培训等渠道和方法,使农民和农村干部深刻认识培训工作的重要性,让农民认识科技务农的意义,看到科技兴农的好处,盼望科技富农的新政策,将"要致富、先培训"的理念深植农民心中。

三、打造农科教一体化的科研平台,培养新农村建设技术生产力

学院发挥"农科教一体化"优势,立足社会主义新农村建设需求,实施"百名专家带千名学生、服务万名农民、产生亿元效益"工程,大力建设科研平台,完善服务机制,促进校地合作,推动高校资源源源不断地输入新农村建设领域。

（一）试验基地与品种研发相结合,把科技的种子播到农村

学院利用国家对农业的扶持政策,结合扎实的科研基础,加强农业科研试验基地建设,先后成立了省内高职院校唯一的省重点实验室——浙南作物育种重点实验室和国家大宗蔬菜产业技术体系温州综合试验站、水稻三级区域试验站、浙江省现代农业中小企业研究基地等平台。并通过这些平台,整合各种社会资源,围绕区域农业发展的重点、难点开展科研攻关,提升

自主创新能力,促进科技成果转化,切实科技成果转化为第一生产力,助力新农村建设。近3年,研发水稻、甜玉米、番茄等新品种10个,并辐射推广200多万亩,创造经济社会效益10亿元以上。2007年该院在全国率先对番茄曲叶病毒病开展防控技术研究,构建了一套行之有效的综合防控技术体系,番茄抗病毒率达90%。该项技术已为温州市挽回潜在经济损失1亿元以上,为浙江省挽回经济损失5亿元,在全国范围推开可以挽回潜在经济损失数10亿元。

(二)农业流动医院与技术推广相结合,把农业服务送到农户家门口

当前,农村农技人员紧缺,动植物疾病预防缺乏专业人员及时指导,给农民造成了极大的损失。针对现状,科技学院建立了"农业流动医院",通过农户主动联系,专家提供实时咨询,实地"门诊",提供现场防治服务,通过《温州日报》的新闻助农志愿行动13957739110联系平台,安排专家上门服务。

"农业流动医院"采用实体门诊(包括专家门诊、巡回门诊、企业诊断门诊、基地示范门诊)和网络平台门诊两种服务方式,坚持"以防为主、技物结合、注重源头诊治"的原则,面向全市11个县(市、区)的农民、专业合作社及农业企业开展"零距离"服务。农业流动总医院下设5个流动分院,即动物流动分院、作物流动分院、蔬菜流动分院、园林流动分院、农业企业诊断流动分院,分门别类地开展各项服务工作,大大加快了农业科研成果转化,解决了当前农业生产中动植物疾病难题,增加了农民收入。3年来,为全市农民节约化肥用量4000吨,节约农药成本2300万元,节约人工1600万元,增效1200多万元;为20多家"百龙企业"和100多个专业合作社解决生产中遇到的关键技术难题,直接增效5500万元。

(三)校地合作与科技服务相结合,把经济效益带给企业和农民

高校有科研与人才优势,地方政府、部门和企业有政策、资金与硬件等优势,二者联合开展科技攻关凸显了优势互补理念。科技学院大力推进校地合作与农业科技的结合,发挥科技促进地方农业经济发展的助推器作用,切实地把经济效益带给企业和农民。

学院合作的对象包括温州市辖11个县(市、区)及其下属各乡、镇政府,科技局、农业局等职能部门,以涉农类为主的大中小型企业、基层专业合作社等各类组织和种植大户等个体;合作内容主要有人才培养、科技项目联合攻关、政策决策参考,科技成果示范、推广与转化,农技指导及政策咨询服

务,建设共性技术研发平台、服务平台、人才交流等。学院以品种、技术为重点,加强农业关键技术集成和创新资源整合,加强产学研合作,应农民所需,应企业所需,应市场需求,推动科技成果市场化、产业化。例如:2009 年科技学院帮助当地农业龙头企业成功立项温州市首个由企业主持的国家 863 科技计划项目"海洋渔类船上加工新技术及设备",真正实现了校企共赢;在瑞安建立了"科技服务创新中心",共推广优良品种 20 多个,建立了 5 个示范基地,共与 19 个专业合作社和农业龙头企业开展紧密合作,3 年中增加社会经济效益 1.2 亿元以上。

四、打造农科教一体化的创业平台,培养农业自主创业人才

目前,农业类高校毕业生就业难与农村基层人才稀缺的矛盾相当突出。通过实施创业教育,鼓励农类毕业生到农村创业具有现实意义。科技学院立足优势与特色,打造面向农村、农企一线的创业平台,把科研与学生创业相结合,把创业教育与人才培养目标、学生职业生涯相结合,提高大学生综合素质,培养学生的服务"三农"意识、创业精神和创业能力,走出了一条培养农业创业人才的新路子。

(一)"七个一"工程与"三农"服务相结合,把支农爱农兴农具体化

科技学院倡导实施的"践行'七个一',服务新农村"培养工程指:通过开展一次"三农"问题调研、走访一户农村贫困户、联系一个农业种养基地村(农企)、参加一次农业科技下乡活动、推广一项农业新技术、提供一条农产品供求信息、宣传一项"三农"政策法规,对学生进行专业理论与服务"三农"相结合的实践教育。通过活动,广大学生深入农村、了解农村,加深了对农业的认识,拉近了与农民、农村、农业的距离,增强了服务"三农"、奉献"三农"的意识和责任感,在热情服务"三农"的实践中培养其"创农"意识,树立远大志向,在农村建功立业。

(二)科研成果转化与学生创业相结合,把创业项目技术化

科技学院以科研项目为载体,点面结合,组织学生创业活动,成效良好。在面上,实施"导师＋项目＋团队＋基地＋农户"培养模式,学生通过参加教师科研项目、参与示范推广工作,面向广大农村开展形式多样的农业技术和信息服务,帮助农民致富。在点上,学院给予学生在创新、创业项目方面充分的支持,对承担项目的学生团队成员进行导师制管理。学生团体或个人利用专业知识,通过充分调查、分析,依靠学院科研优势,进行自主创业实践。

（三）创业教育与平台建设相结合，把创业理论实践化

学生自主地设计、创办、经营和管理一个企业或公司无疑是创业和创业教育的重要形式和内容之一。科技学院积极搭建学生创业平台，帮助学生创业，大力引导学生进行创业实践。一年来，温州市大学生现代农业创业园、温州市大学生网商创业园、浙江现代农业中小企业研究基地、浙江小企业创业基地、温州市大学生"村官"创业与研究基地、瓯海青年创业学院、温州青年创业学院等创业基地先后落户学院，为学生提供了良好的创业平台。

"浙江小企业创业基地"是浙江省唯——所落户在高校的省级小企业创业基地，基地目前已建成一组创业示范点、一条农业特色创业街、一栋创业楼，实施创业项目 70 多个。"温州市大学生现代农业创业园"依托学院 9 个专业研究所，实施 30 多个现代农业创业项目。而与温州市团市委联合筹建的"温州青年创业学院"，充分体现了当前创新创业教育理念与科技学院办学模式相结合的优势，必将为"创业富民、创新强省"战略提供高质量的服务。

（本文刊发在《高等农业教育》2011 年第 3 期）

科研助农　推广富农　教育强农

围绕现代农业发展的重大战略问题,我们及时明确提出了把服务"三农"作为立院之本、发展之源、强院之基,举全院之力协同推进"三农"服务,真正实现了科研助农、推广富农、教育强农。

一、依托农科院,坚守科研应用方向促进科研助农

党的十八大提出,要坚持走新型工业化、信息化、城镇化、农业现代化同步发展的道路,而农业现代化已成为经济持续发展的重要支撑和重要基础。一直以来,学院坚持发挥科技对农业产业发展的支撑作用,立足地方产业发展需求,坚守农业科研的应用方向,把好农业科研的"立地"关,为地方农业产业发展带来了科技的"源头活水"。

民以食为天,农以种为大。为加快地方品种引进、选育步伐,学院建立两系杂交稻选育、蔬菜选育等14支科技创新团队,并主动参与省农业新品种选育重大专项。科技创新团队的建立为品种引进、选育提供了智力支撑。近年来,学院自主选育水稻"Y两优689"、"温814"、"温恢845";玉米"金玉甜1号"、"金玉甜2号";番茄瓯秀806;花椰菜瓯雪60天、"新花80天"、"成功120天"等15个国家或省审定的品种。引进推广品种如蓝莓、油橄榄等10余个品种。据统计,2010年至2012年,花椰菜品种在浙江、重庆、四川等地累计推广22.9万亩。

服务农业企业开展重大科技攻关,破除产业重大关键技术、共性技术瓶颈制约,是学院常抓不懈的一项重点工作。近年来,学院利用校企合作平台,针对农业企业生产困难,建立了协同创新的技术集成服务体系,先后与温州瑞安华盛水产有限公司、浙江一鸣食品有限公司等10多家企业开展科研联合攻关,提升农业企业生产科技化水平。如曾被列为国家"863计划"重大科技项目、2011年完成的《鳀鱼、毛虾海上综合加工技术开发及装备选优》

项目,是学院与温州瑞安华盛水产有限公司科研联合攻关的重大成果,该技术成功破解了海产品加工企业海上综合加工技术难题,为农业企业创新提供了科技支撑。

学院非常注重科研平台建设,强化对"三农"的科技支撑。在自然科学研究方面,建立国家水稻原种繁育基地、国家大宗蔬菜产业体系温州综合试验站、浙南作物育种重点实验室、温州市设施蔬菜工程技术研究中心等10多个国家、省、市级科研平台。这些平台每年可争取科研经费400万元以上,为技术研究提供经费支撑。在社会科学研究方面,建立浙江现代农业中小企业研究基地、温州市农村发展研究中心等平台。已有20余份调研报告或政策建议获省、市领导批示,被《温州城乡统筹综合改革》期刊采纳。特别是在美丽乡村规划方面,为温州永嘉鹤盛、平阳水头等10多个乡镇做了20余项规划。学院连续4年被评为市级社会主义新农村建设优秀单位。

二、依托流动医院,坚持服务重心下移促进推广富农

针对在国内某些地方农技推广服务工作"线断、网破、人散"问题,如何把最新的农业科技成果推向市场,送到农民百姓手中,是学院思考的重大课题。2008年,学院创立农业综合科技服务平台——农业流动医院。流动医院下设5个流动分院(动物、作物、蔬菜、园林、农业企业诊断流动分院)和一个综合门诊部。经过几年实践,农业流动医院在农技推广促进农民致富方面成效明显,2012年该服务平台作为校园文化载体被国家教育部门授予校园文化建设优秀成果奖。

学院推广富农的核心在于下移服务重心,开展流动服务。学院坚持"哪里有农业困难,就服务到哪里"的理念,以"品种+适用技术+安全生产模式+培训"的多学科、一站式综合服务为模式,推动农业技术服务到山头、到田头、到门口,真正解决了打通农技推广"最后一公里"的难题。如2012年投入50万元专项经费,用于开展农业科技服务推进年和进村入企联大户活动,主动邀请各县(市、区)政府、乡镇、合作社组织、种养大户等来院签订服务协议,以"对方出上联,我们对下联"的"招标"形式设置项目,开展技术服务攻关。仅农业科技服务年当年就服务乡镇(街道)、农业中小企业、专业合作社、种养大户164个。

学院推广富农的关键在于开展技术诊断,解决农业生产难题。在农业流动服务工作中,学院始终急农业企业之所急、急农民之所急,重点围绕水稻、番茄、花椰菜、盘菜、玉米、小麦、早茶、杨梅、蓝莓、竹业等10多个产业开展"点对点"的技术诊断服务,解决农业产业中出现的重大病虫害、疫病难题。如针对国内大棚番茄暴发大规模黄化曲叶病疫情,构建一套"50目防虫网覆盖＋黄板预警＋适时用药"的综合防控技术体系,该项技术在省内累计推广应用 24.75 万亩,挽回潜在损失 4 亿元。该项目获得 2011—2013 年全国农牧渔业"丰收奖"农业技术推广成果一等奖和 2011 年度浙江省科学技术二等奖。

学院推广富农的重点在于开展综合示范基地建设,推动科技成果转化。为加快农业科技成果转化,学院主动走出去,与温州 7 个县(市、区)政府建立战略合作关系,开展农业综合示范基地建设、科技成果转化推广等工作。近3 年在温州各县(市、区)建立新品种、新技术综合示范基地近 30 个,年均辐射推广新品种、新技术 120 万亩;先后涌现出了种粮大户年亩产"两吨粮食,万元利润"、山地生态蓝莓每亩利润 5 万元的致富典型。3 年来,学院荣获省优秀科技特派员称号 15 人次、市优秀科技特派员称号 19 人次、市功勋科技特派员 1 人、省优秀科技特派员团队 1 个,连续 3 年被评为市级科技特派员工作先进单位。

三、依托农民学院,坚定科技致富理念促进教育强农

近年来,学院根据现代农业发展需求,充分发挥农业科研、教育、培训的师资和平台优势,大力开展新型职业农民培育工作,切实提升农民科技素养、职业技能和经营能力。

为解决农民培训资源分散、培训规模较小、培训效果低下等"低小散"难题,2012 年温州市政府部门依托学院农科教一体办学资源,在学院设立温州农民学院,市政府部门每年划拨经费 100 万元,免费培训农民。培训类型包括农村干部培训、农民技术培训、大学生"村官"培训、退役士兵技能培训、碳汇技术培训、农村金融培训、渔业职务船员培训等 60 余项目,年培训超万人。

在如何提高农民培训实效方面,学院也下了一番功夫,对培训工作进行了深入思考,创新提出并实施了"项目菜单、课证融合、训以致创"的新型职业农民培训模式,成效非常明显。

在项目菜单方面,学院设置杨梅种植、奶牛养殖等 200 多项覆盖面广、实用性强的培训"菜单",在温州媒体与学院网站上刊登,农民学员可根据自身和实际需要自主选择培训项目。项目菜单的实施极大地调动了农民学习的兴趣,报名人数成倍增加,仅 2012 年就组织办班培训 13115 人次,是前 2 年的总和。

在课证融合方面,学院充分考虑培训与职业考证相对接,教学内容与考证内容对接,学员学习后能直接参加相关职业证书考试。如退役士兵培训班,学员培训后,由学院统一组织参加职业技能考证,90％以上学员获得了相应职业资格证书,85％以上学员顺利就业。2012 年实施职业技能鉴定4377 人次,是前 2 年总和的 1.2 倍。

在训以致创方面,学院围绕"农业生产后继无人"、"明天,谁来种地"等焦点、热点问题,依托浙江小企业创业基地、温州青年创业学院等平台,致力于培养有文化、懂技术、会经营、善管理的农业创业人才。近年来,每年通过培训帮助农村青年创业 20 个以上,如温州天遥农业有限公司,经学院创业指导,现已发展为集经济林种植、畜禽养殖、农业休闲观光、农业开发咨询、农产品销售于一体的市级农业综合性开发龙头企业。同时,学院也大力开展家庭农场主培养、农民网店培训等工作,2013 年学院的农业创业教育研究成果被初评为浙江省科学技术二等奖。

赠人玫瑰,手有余香。在服务"三农"、贡献"三农"的同时,学院也有了意外的收获,由于广大教师和科研人员深入基层、了解基层、服务基层,他们将社会的需求、"三农"的要求转化为科研和人才培养的动力,对推动学院办学工作起到极大的推动作用。近 2 年学院年科研经费总量都在 1000 万元以上,其中 2012 年达到 1265 万元,科研经费总量和纵向经费总量在全省高职院校均排名首位,科研工作始终走在省内同等院校前列。学院逐步形成了农类专业教育特色、人才培养特色和农业创新创业教育特色,人才培养质量显著提升。2013 年学院农类专业数(11 个)、农类专业招生数、农类专业在校生数(2618 人)均居全省之冠;近 3 年就业率均达 96％以上。

(本文刊发在《中国教育报》2010 年 9 月 25 日)

立足"三农" 服务"三农" 社会服务工作有新成绩

　　2007—2008 学年：一年来，我院在认真学习、思考、探索、实践高职教育教学工作的同时，保持了科研工作的稳定和可持续发展，在推动温州农业科技进步，在温州 139 富民攻坚计划和社会主义新农村建设中发挥了重要的作用。作为温州市社会主义新农村建设顾问单位，我院积极做好新农村建设示范试点(镇)建设的规划设计，认真指导新农村示范村镇建设。举办各类农民培训 120 期，受训 1 万余人次。下派科技干部 13 名，组织大型的科技下乡活动 8 次，受益农民达 10 万人次。科技服务工作的显示度和影响力得到提高。

　　　　　　　　　　(2008 年 3 月 5 日在全院职工大会上的讲话)

　　2009—2010 学年：(1)加强科技成果推广。2009 年全年累计辐射推广具有自主知识产权的新品种 60 多万亩、灵昆鸡 30000 多羽，推广实用新技术 10 多项 20 多万亩，产生经济效益 3 亿多元。(2)加强科技扶贫与灾后援建。建立了 5 个农业科技示范基地，下派农村指导员、科技特派员 16 人次，派遣"百名专家联百村帮千户"专家 33 人，创建了以洞头县东郊村为主要对象的科技扶贫新模式。先后 3 次 10 人次赴四川地震灾区青川县指导当地农业生产，建立了科技示范基地 15 亩，受训人员 300 余人次，得到温州市援建指挥部和当地政府及农民的高度评价。(3)加强专业人才培养。2009 年为新农村建设输送 476 名首届高职毕业生，为"三农"发展提供了人才保障。(4)加强农技培训。完善了新型农民科技教育培训体系，强化各类农业技术培训、农村劳动力转移培训和科技下乡活动。一年来组织大型科技下乡 8 次，举办各类科技培训班 40 期，共培训农技人员和农民 7000 余名；开展各类技术指导服务，受益农民达 3 万余人次。

（2010 年 3 月 13 日一届二次教职工代表大会暨工会会员代表大会上的工作报告）

2011—2012 学年：刚刚过去的 2011—2012 学年，是学院"互学互比促提升，创先争优谋发展"的一年，各项工作取得了可喜成绩。

一、"三农"服务扎实开展

一是示范基地建设与成果转化全面推进。在温州各县（市、区）建立水稻、甜玉米、花椰菜、番茄、灵昆鸡、蓝莓等农业综合示范基地 7 个，面积 820 亩。在省内外累计推广新品种、新技术 145 万亩。值得一提的是，基地建设涌现出一批高产高效的示范典型，如我院建立的鹿城藤桥"都市型金玉甜玉米"示范基地实现了"每亩年产粮食 2.1 吨、利润 1.1 万元"；瑞安高楼镇蓝莓示范基地实现亩产 1500 公斤、亩效益超 5 万元的高产高效目标。

二是院地合作继续深化。与鹿城区、文成县人民政府新签了院地合作协议，至此已与我院建立院地合作的县（市、区）政府达到 6 个。与地方政府开展项目合作 17 项，转化科技成果 15 项次，组织大型科技下乡 4 次，举办技术培训 41 期，技术指导 120 多次，累计培训指导农业从业人员 7600 多人。

三是科技特派员工作稳步开展。在温州市新一轮科技特派员工作中，我院下派科技特派员 12 名，占全市下派总人数的 48%，是全市下派人数最多的单位，已成为市级科技特派员的主力军。2011 年，4 位同志被授予"浙江省优秀科技特派员"荣誉称号，受省委省政府表彰人数列全省高职院校第一，学院连续第五年被评为市级科技特派员先进单位。

二、成教培训与产业开发工作有序推进

一是社会培训项目有所拓展。新开设退役士兵培训项目，完成 2 个班 91 人的培训，首批就业率达到 83.5%。新增与瑞安市、鹿城区农林局、市移民办的合作培训项目，全年共举办各类社会培训班 39 期。

二是培训与技能鉴定人数有所突破。全年完成各类社会培训 6078 人次，完成职业技能培训与鉴定 2898 人次。2011 年度我院再次被市委、市政府评为"温州市农村劳动力素质培训优秀基地"。

三是科技产业开发工作有所提升。学院构建了"一级开发，两级管理"的结构框架，赋予各系组建公司进行科技产业开发管理的权限。全年产业开发收入突破 500 万元，比上学年增加 20 个百分点。

（2012 年 9 月 22 日在二届一次教职工代表大会暨工会会员代表大会上的工作报告）

2012—2013 学年：学院紧紧围绕温州经济社会发展特别是"三农"事业发展，创新服务理念，转变服务方式，积极开展"走出去、请进来"等多形式的服务，在政策咨询服务、深化农业科技服务和开展农民培训方面取得显著成绩。

开展政策咨询服务。积极发挥农村经济研究所的平台优势为政府、部门决策提供咨询服务。今年学院与市农办合作成立了温州市都市农业研究中心、温州市美丽乡村研究中心、温州市农村社会经济研究中心等平台。

深化农业科技服务。围绕农业产业发展需求，选派科技特派员团队下乡开展各类技术服务，全年有 3 人被评为省级优秀科技特派员；1 人被评为温州市功勋科技特派员；8 人被评为市级优秀科技特派员；1 人被评为市级科技特派员先进工作者；1 人被评为市级农村指导员工作先进个人；学院连续六年被评为市科技特派员工作先进单位。积极推进成果示范，与温州 7 个县（市、区）政府建立战略合作关系；建立新品种农业综合示范基地 8 个；全年累计推广自主育成的新品种、新技术 178 万亩；学院育成的早稻新品种温229 和玉米金玉甜 1 号被列入省 2013 年区域主推品种。主动服务农业"两区"建设，我院育成的温 229、温 814、Y 两优 689 等水稻新品种和金玉甜玉米新品种，在粮食生产功能区中有显示度；有 1 人被评为 2012 年度市农业"两区"建设先进个人。加强分析测试服务，分析测试中心获得省级"双认证"资质证书，成为温州市农产品检测权威机构。

强化成教培训工作。立足学院特色优势，成功组建温州农民学院，并建立 2 个分院；完成农民学院首届学历教育 5 个专业 166 人的入学工作，农民学院建设工作受到省、市领导批示肯定。超额完成培训和技能鉴定年度目标任务，完成各类办班培训 9100 人次，完成各类下乡培训 1.34 万人次；完成技能鉴定 4300 人次；全年成教培训创收超 800 万元。

进一步强化社会服务，提升服务水平。一是继续提升服务品牌。以农业科技服务年活动为契机，深入开展科技进村入企联大户和科技下乡服务活动。进一步转变服务方式，拓展服务项目，丰富服务内容，优化服务质量，努力提升农业流动医院服务品牌。二是继续加大科技特派员工作力度。发挥科技特派员在科技富民强镇、新农村建设、农民素质提升方面的积极作用，确保在我市新一轮科技特派员工作中的主力军地位。三是继续强化院地合作。进一步扩大院地合作范围，力争与温州 11 个县（市、区）进行合作，要在服务地方经济社会发展上做出新成绩。四是进一步加强成果示范与推广。建立自主选育的新品种（新技术）综合示范基地 6 个以上；在省内外辐射推广新品种、新技术面积 130 万亩以上。

进一步加强成教工作，提升社会化办学水平。一是承担好温州农民学院建设任务。及时启动农民学院硬件、软件建设各项工作，争取完成农民学院学历教育 160 人的招生及培训任务。二是切实加强培训基础建设。在人力资源、物质条件、制度建设等方面要加大投入和保障。各系要建立成教工作组织机构，明确领导分工和工作人员。三是拓展培训市场和培训项目，面向社会、加强合作，成教培训力争创收 500 万元。

（2013 年 9 月 28 日在全院职工大会暨二届二次教职工代表大会上的工作报告）

第五编

转型发展

凝心聚力　在深化改革和人才培养质量上下功夫

　　当前高职教育正由规模发展向内涵发展提升，转型与发展始终是热议的话题。教育改革发展及其目标实现要符合教育自身的发展规律，院校发展到一定阶段，势必要进行结构调整、模式转型、秩序重建，走向内涵发展。温州科技职业学院自 2006 年筹建以来，秉持"农科教一体化"办学特色，建院阶段在人才培养、科学研究、社会服务方面均树立起了自己的品牌与特色。当前学院已经进入稳步发展时期，因此，在"十二五"期间，如何科学规划学院未来发展蓝图，如何面对高职教育发展带来的新机遇与新挑战，如何在城乡统筹发展中抓住战略先机，如何在国家重视"三农"工作的历史大背景下有所作为，这些关键问题关乎学院的生存与发展。

　　本编辑录了徐和昆院长关于学院转型发展的相关讲话。这些讲话集中体现了徐和昆院长对于学院下一步改革发展的设想，核心在于要走强化特色发展之路，促进学院的转型升级。新一轮改革的号角已经吹响，如何强化特色、实现转型升级？如何多方联动推进学院发展转型升级？在改革进入攻坚克难的关键期，如何凝聚全院力量继续推进可持续发展？如何实现体制机制转换，实施人才兴院的发展战略？在本编中，徐和昆院长就这些问题均有其精彩的阐述。

强化特色　转型发展　努力开创"十二五"发展新局面

"十二五"对温州科技职业学院来说,将是建成一所怎样的学校的五年,也是如何实现跨越式发展的五年。

"十二五"期间,学院发展的指导思想是:深入实践科学发展观,全面贯彻落实国家和浙江省《中长期教育改革和发展规划纲要(2010—2020年)》精神,围绕区域经济社会发展需求,以培养生产、建设、管理、服务第一线的高素质技能型专门人才为主要任务,坚持以教学为中心、教育科研统筹发展,坚持高举"三农"旗帜、立足"三农"、服务"三农",深化教育教学改革,创新人才培养模式,加强专业内涵建设,提高科学研究水平,强化社会服务能力,提升整体办学水平,实现学院的跨越式发展,为温州经济社会发展和社会主义新农村建设做出更大贡献。

"十二五"期间,学院发展的总体目标是:突出"农"字特色、强化内涵建设,全面提升人才培养、科学研究和社会服务水平,把学院建成农科教一体、产学研结合,全省领先、国内一流的农类特色高职院校和区域性农业科研强院。

围绕特色院校建设目标,"十二五"期间我们要在以下六个方面有所突破。

(一)发挥优势,突出特色,在一流农类院校建设上有所突破

"十二五"期间,学院全日制在校生规模要达到7000人,其中农类专业学生达到3000人。学院要成为全省农类专业数最多、学生规模最大、教学质量最好的高职院校。

要充分发挥农科教一体化、农业科研、社会服务的优势,促进农类专业教学质量的提高。加大高职农类特色人才培养的力度,创建特色专业、品牌专业。加大人才培养模式改革力度，提高人才培养质量。加大内涵建设力度，强化师资队伍建设、专业建设、实验实训基地建设、课程建设等工作。加大农类教科研工作力度，加强高职教育理论研究，提升教科研立项水平和成果档次，多出成果，有所突破。

（二）挖掘潜力，提升水平，在区域性科研强院建设上有所突破

我们要继承农科院优秀的科研传统，进一步发挥水稻育种研究等科研优势，大幅提升科研自主创新能力，建设省内领先的区域性农业科研强院。

要拓展研究领域，完善科研结构。大力拓展哲学社会科学领域和非农自然科学领域。建立分类指导、专兼结合的研究体系，创建各类科研所、研究室。

要突出科研重点，谋求科研优势。围绕区域经济结构调整与产业发展，加强产业行业关键共性难题技术科研攻关。加强科技成果自主创新，提升科研成果产出率和市场占有率。加强科研成果为社会主义新农村、"两区"建设和农业生产重点领域服务。

要加强平台建设，提升科研水平。加强浙南作物育种省级重点实验室、温州市农产品质量安全重点实验室的建设。建成设施蔬菜工程技术中心、禽类养殖技术重点实验室、食品加工重点实验室等。将上成基地、梧田基地建成高水平的科技示范和公共教育窗口。

（三）立足"三农"，打造品牌，在服务型院校建设上有所突破

要加大为农业、农村、农民服务力度。积极参与全市粮食生产功能区建设、现代农业园区建设和新一轮"菜篮子"基地建设。加强科技成果示范与推广。在省内外辐射推广新品种、新技术面积 500 万亩以上，开展规模科技服务 200 次以上，培训、指导人员 5 万人次以上。

要以农业流动总医院为平台，继续实施"百千万工程"，即百名专家带领千名学生服务万计农民。

要立足全民教育，大力发展成教培训事业。参与"国家农村劳动力转移培训工程"和"农村实用人才培训工程"，发挥"浙江省现代农业技术培训基地"、"温州市农村干部与农民培训中心"等平台的作用，开展各类技能培训，到"十二五"末培训"三农"从业人员 1 万人次以上。要搭建中职、高职、本科"立交桥"教育平台，加速推进中高职、本科人才一体化培养。加强与南京农业大学等知名院校合作，联合培养本科、研究生等高学历农类专业人才。

要立足产业发展，大力发展职业技能鉴定工作。充分发挥"国家职业技

能鉴定所"、"全国跟单员考点和培训基地"等平台的作用,到"十二五"末职业技能培训与鉴定达 1 万人次以上。

(四)创新模式,先行先试,在农类创业型院校建设上有所突破

要更新教育观念,大胆探索,促进创业教育的转型升级,大力培养具有创业创新精神的人才,创建省内领先的农类高职创业型院校。

要强化创业教育的顶层设计。充分利用学院在创业教育方面的科研优势,推进具有自主知识产权的科研成果产业化。通过整合政府、产业、学校资源,鼓励支持全院师生参与创业,营造浓厚的创业文化氛围,构建"师导生创"的创业型院校。

要加强创业载体建设。坚持"以就业为导向,创业带动就业"的工作思路,建成创业培训平台 10 个以上。发挥"浙江省小企业创业基地"等创业平台优势,引导发展创意创业项目,孵化创意创业项目 30 个以上。

要深化创业模式改革。探索创业教育与专业教育融合的试点工作,推进创业教育由技能型向素质型转型。完善"导师＋项目＋团队＋基地＋农户"的创业教育模式,逐步形成特色鲜明的农类高职创业型院校。

(五)面向社会,开门办学,在社会型院校建设上有所突破

进一步强化高校意识、社会意识、温州意识,面向社会开门办学、开放办学,强化校地合作交流,提高服务地方发展的能力和水平。

推进学校、政府、企业、行业共建教学、科研和服务平台。做好"苍南台湾农民创业园"、"瑞安农业科技服务创新中心"等校地共建平台工作。

面向农业龙头企业、种养大户、涉农行业,建立农业科研成果与农产品交流展示中心。面向一线技术人员与广大农民,加强信息共享平台、技术咨询与服务平台建设。

提高学院的教育文化资源开放度,主动热情地向社区、中小学、部门行业开放学校的体育场所、文化设施和图书资源等,服务于温州文化大市建设。

(六)以人为本,统筹发展,在和谐院校建设上有所突破

坚持教学以学生为本、办学以教师为本的思想理念,以学生、教师与学校的和谐发展为目标,创建绿色和谐美好家园。

在和谐校园建设方面,要注重安全,深化平安校园建设,确保学校安全稳定。要加强服务,创建学生满意的学校。构建强大的学生管理平台,重视大学生思想道德素质培养,建立大学生心理健康研究所,关注学生心理健

康,提升大学生综合素质。改善学生学习、生活条件。要关注民生,改善教职工工作生活条件。改善教职工办公、住房和文体活动条件。增强经济实力,改善教职工福利待遇。完善民主管理体制,保障教职工政治权益。加强精神文明建设,关心教职工身心健康。关心离退休人员的生活,关心临聘人员的工作和生活。

在校园文化建设方面,要打造特色鲜明、品位高尚的高校形象,努力实现校园物质文化、精神文化和制度文化的全面、协调发展,形成独具农类办学特色、高职教育特点和鲜明时代特征的校园文化。

在校园基本建设方面,要坚持科学、绿色、生态的原则,高质量完成校园二期、三期和实验实训基地的建设。"十二五"期间,将投资 4.5 亿元建设实验实训楼、学生宿舍、学生食堂、科研大楼等工程项目超 10 万平方米,建成上成基地 128 亩。要坚持环保、低碳、节约的原则,全面推进水电节能化、办公无纸化、能源清洁化工作。

(2011 年 2 月 19 日在一届三次教职工代表大会暨工会会员代表大会上的工作报告)

抢抓城乡统筹战略机遇　推动学院事业跨越发展

一、对学院下一步建设发展的想法

1.立足高远,做好顶层设计(科学规划"十二五"发展)

要以科学发展观为指导,科学规划学院未来发展,科学规划各系部未来发展,科学规划各部门的工作。我希望大家心中要有梦想,期待梦想成真;要真正树立全省领先,全国一流的思想;要彻底解决当前存在的"低、小、散"的问题。当前我们有些目标设定还比较低,很多人比较容易自我满足,视野小、心胸小、胆子小就是我们的外在表现。我们要真正做到目标高远,措施高明,手段高超,行动高效;真正实现从拿来主义办学向自主办学的历史性转变。希望大家在学院新一轮发展中要走出去,开拓视野,掀起新一轮考察和互学互比活动的高潮。

2.立足"三农",服务温州经济社会发展

怎样做好专业教育向全民教育、终身教育转变的工作?农业科研怎样进一步向社会化、服务化方面发展?怎样进一步思考农业职能或功能向城市化职能或功能、社会化职能或功能的拓展?怎样立足温州,服务浙江、面向全国、走向世界的发展,走出自我狭小的天地?这些都是值得我们研究的问题。

3.立足优势,进一步统筹和整合发展资源

跨越式发展基本上是通过统筹和整合资源来实现的。怎样充分发挥科研、教育、服务、人力、土地和设施等方面的优势,统筹整合各类资源,服务于院校的跨越式发展?怎样统筹整合政府、部门、行业企业、学术、人力智力、项目资源,在统筹整合中谋求跨越式发展?在统筹和整合资源的过程中,我们要敢当配角,勇当主角,乐于奉献,敢于担当,要学好孙子兵法,发扬"孙子"精神,要有才,有谋略。现在很多人仍是一级盯着一级的,视野不够开阔。我们要进一步开拓视野,要学会统筹院外各类资源。

二、抢抓城乡统筹战略机遇,推动学院事业跨越发展

陈书记来温州后,提出了温州建设国际大都市的战略思想和新型发展理念。他提出了生活、生产、生态的"三生"城市、"六城联创"和"1650"城市建设发展思想。其中,城乡统筹或城乡一体化建设发展问题是温州当前的焦点、热点问题,政府将把温州现有资源整合到城乡统筹建设中来。学院对城乡统筹问题之前都没有很好地研究和思考,我们在一定程度上一厢情愿地想着自己想做的事情,干着自己想干的事情,还没有真正融入温州城市建设发展的宏观背景中去,没有融入温州新一轮发展的热潮中去。那么关于怎样在城乡统筹中有所作为,有所建树,这个问题还远远没有解决。如果对这个问题不思考的话,那么在冷漠、麻木、迟疑中我们就会离开温州发展的主流,会失去学院发展的大好机遇。我们要将学院发展中存在的问题放到温州城市建设发展、城乡统筹发展中去解决,抓住机遇,实现跨越式发展。

对我们院校来说,怎样发挥优势与特色,融入温州的发展建设大局中,参与城乡统筹、城乡一体化建设? 我认为在以下几个方面应该是大有作为的:

1.关于参与温州城市森林公园建设的问题。我们怎样在温州城市森林公园建设中占有一席之地,有所作为,解决园林系基地建设方面的问题。这是值得好好研究的。

2.关于参与温州湿地公园或生态公园建设问题。湿地公园是集旅游、休闲、观光为一体的生态公园,我们在这方面也是大有作为的。

3.怎样在瓯飞工程的建设中有所作为? 瓯飞工程将建设40万亩良田种植水稻,我们在瓯飞工程建设中应该是有所作为的,我们现在有没有这种勇气和能力。这是值得研究的问题。

4.怎样在温州大学科技园建设中有所作为? 怎样寻找到参与的载体,发挥自身作用,这个是值得研究思考的。参与大学科技园建设是我们大学建设发展的平台和新的空间领域,我们一定要把握好这个机遇。

5.怎样在(海洋孵化器)水产品加工科技研发园区建设中有所作为?

6.怎样建设好培训大楼? 我们要把它建成基层干部培训中心,建成立足温州、走向全国的培训中心和农口的会议中心。要把学院变成全天候的校园,即寒暑假、节假日学校里都有人,白天有人,晚上实验室灯都是亮着

的,这样我们的培训才算是做大做强的。

7.怎样搞好碳汇研究院的建设工作? 关于下一步建设好碳汇研究院,我们要有明确的工作目标,充分发挥好牌子作用,力争在林业、经济、生态、社会等发展方面做出成绩。

8.关于农村政策研究所建设问题。温州是国务院农村政策研究的试点城市,温州在城市化进程中有很多的现实问题、理论问题、焦点问题等等方面,现在很少有人去开展研究。而温州政策研究室也在我们学院建立了相关的研究中心、任命了中心主任,在这方面我们要立足自身使命,把这些课题做出来,当好市政府的参谋,发挥自己的功能作用。

9.关于科技服务中心重点实验室公共服务的创新和平台建设问题。一方面,我们要千方百计申请各类牌子;另一方面,更要发挥平台作用,狠抓内容,做足功课。

10.科技富民强县工程。以前我们实施了科技特派员、农村指导员工程,现在要考虑怎样与科技富民强县工程整合起来。

11.关于农业科研成果与农产品交流展示中心建设问题。要根据"十大项目"任务要求抓紧落实好前期各项准备工作。

12.关于流动总医院建设问题。我们要进一步加强宣传,积极搭建流动医院与农户、大户、企业、乡镇之间合作的桥梁,包括网络的平台建设问题,进一步做好服务方面的工作。

做好城乡统筹工作,学院应该是肩负着重大历史使命的,为学院发挥作用提供了广阔天地,也是我们学院加快发展的历史性机遇,学院在这一宏观背景下应该做什么是值得好好研究的。下一步,我们应该怎样做好城乡统筹工作:

1.做好前期调查研究方面的工作。要了解城市建设发展方面的规划,了解领导和部门的要求,了解自身的人力智力、技术和物质上的储备,这些都需要做好前期调研工作。

2.学院要调整政策,将城乡统筹和城乡一体化建设作为重大的历史使命和工作责任,要积极主动投入到这项工作中去,今后在这方面的财政投入要予以倾斜和照顾。

3.要做好人力资源的引进和整合工作。要抽调人员成立工作组,专门搞好这方面的工作。

4.做好政策机制方面的研究。搞好这方面的工作,学院需要哪些政策,需要哪些相应配套? 这些也需要统筹考虑。

　　5.需要进一步探索干部的使用和提拔工作。根据实际情况,在必要时个别岗位实行干部招挂拍制度,实行能者上、不能者退的竞争机制。

　　　　　　　　（2011年5月30日在部门负责人会议上的讲话）

关于推进院校跨越式发展的思考

每年的中层干部学习会,我都要作一次讲话。回想起 2007 年的凤阳山会议我讲了去筹工作问题,2008 年的泰顺氡泉会议我讲了院校的科学发展问题,雪山的教育工作会议上我讲了院校的特色建设问题,科研工作会议我讲了科研强院发展战略问题,2009 年的东阳会议我讲了解放思想问题,去年的建德会议我讲了院校的"十二五"发展规划问题。看看过去的讲话材料,我感到好像已讲完了我想讲的话,但是还没有做成我想做的事。

回想起农科院以来 8 年多的发展历程,它既带给我深深的激励和深深的遗憾,又带给了我深深的思索。

给我深深激励的是农科院事业发展所取得的成就。这些成就可以用以下四句话来表达:一是省政府高教文卫处潘处长他们说的话:温州人办成了一件几乎不可能的事;二是前温州市长、书记邵占维讲的话:你们开天辟地地建立了温州科技职业学院;三是教育界领导们说的话:温州科技职业学院建成之时,就可以达到高职教育的中等水平;四是专家同行说的话:温州科技职业学院特色明显,发展潜力巨大。

使我深深遗憾的是我们有三件事没有做好:

第一件遗憾的事是:没有很好地制订院校基础设施建设发展规划。一是规划及其建设没有体现高职教育的要求,实验实训场地严重不足;二是没有体现校园文化建设的要求,既不漂亮又没风格,还要时常维修;三是没有体现干部职工的住房要求,教工宿舍去而未补;四是分区分期建设的规划带来了建设的难度,增加了许多工作量。

人们说建筑是一门遗憾的艺术,确实一点不假。但我们如果现在要改善它,是难上加难,既劳民伤财又事倍功半。

第二件遗憾的事是:没有很好地开展高职教育的大讨论。学院筹建以来,我碰到许多专家经常对我强调,要认真贯彻落实教高 16 号文件精神,但都没有引起我的重视。当时我认为农业科研与高职教育具有天然的融合性，高职教育的理念天然地融化了我们的血液，而忽视了把握理念、转变观念的艰巨性。去年以来，我参加了许多专业建设论证会和说课活动，也听了一些课，使我非常遗憾地认识到，我们还没有从根本上摆脱专业建设的"拿来"主义，教师上课的本本主义，教学改革的经验主义。

第三件遗憾的事情是：我们没有很好地完成当年吴金法院长提出的学院规范化建设的目标和全力实施"质量立院、人才兴院、科研强院、产业富院"的发展战略。我们在维护院领导班子的团结统一中浪费了太多的时间，以我个人的看法是我们本来完全可以发展得更快些，发展得更好些。

回顾建设发展历程，从总体上说，我们的发展还主要是处于低水平的数量扩张阶段，遵循的是从无到有、从小到大、从弱到强的发展方式，走的是其他高职院校发展的老路。

从客观上说，我们受到了人力、物力和人的历史局限性即思想观念的限制，这些限制导致我们低水平起步、低水平建设、低水平扩张。

但从主观上来说，我们还有两件事没做好：

一是没有很好地研究把握先进高职院校建设发展经验和教训，没有很好借鉴他们的成功办学经验来避免我们工作的失误。

二是没有很好地研究把握高职院校高等教育发展的规律，用以指导我们的工作，以更高的目标、更高的起点、更好的办法来推进各项建设发展事业。

归根结底一句话，是我们还没有很好地研究和把握后起学校的后发优势、后起学校的建设发展规律，来实现院校更好更快的发展。

那么，后起学校应该遵循的发展规律又是什么呢？那就是跨越式发展战略。所以，今天我想讲的话题就是院校跨越式发展问题。

一、什么是跨越式发展（战略）

跨越式发展战略是以实现跨越式发展为目标的发展战略，它是落后国家、落后地区、落后单位所普遍采用的一种发展战略。就国家层面来说，中国会讲跨越式发展，而不会是美国；就地区层面来说，宁夏、贵州会讲，而不会是北京、上海；从学校层面来说，是我们而不会是温职院。因为落后者如果遵循一般的发展规律，走前人走过的路，那就永远无法摆脱落后的地位。

那么什么是跨越式发展呢？跨越式发展是指在一定的历史条件下，落后者对先行者走过的发展阶段的超常规的跨越行为。

从概念上我们可以看出,首先,跨越式发展具有发展的普遍性。它注重的是:

发展的速度,即要求快速发展;

发展的效率,即要求数量与质量的统一,速度与效率的统一;

发展的可持续性,即当前的发展与未来发展的统一,局部发展与全局发展的统一。

其次,跨越式发展具有发展的特殊性,即特别强调要超常规。它注重的是:

发展速度的超常规,即用最短的时间达到发展的目标;

发展目标的超常规,即跨越发展阶段的最先进目标;

发展方式的超常规,即非均衡发展、优势发展、特色发展;

发展措施的超常规,即非常措施、非常办法、非常干劲。

二、跨越式发展的战略目标

在对院校建设发展的历史分析中,我讲了实施跨越性发展的重要性。那么跨越式发展又有哪些战略目标呢? 根据我对《国家中长期教育改革和发展规划纲要》的解读,我提出了"十二五"发展院校要实现"七大梦想",在去年的中层干部会议上,就把它归结为"六大院校"建设:

即在办学模式上,要努力创建农业科研、教育一体化的高职院校;

在教学结构上,要努力创建服务于学习型社会和人的终身教育的社会性高职学院;

在高职专业建设上,要努力创建农类教育特色的高职院校;

在科学研究上,要努力创建研究型的高职学院;

在人才培养上,要努力创建学生、家长及社会满意的高职学院;

在校园建设上,要努力创建平安、优美、和谐的校园。

这"六大院校"的建设目标,就是院校跨越式发展的目标,因为它隐含着高职教育、高职院校建设发展最先进的目标、方向和跨越式发展的内涵:

一是组织形态的跨越。立足教育,强化科研,不走学科综合性发展的道路,而追求功能的综合性,实现学科综合性高职院校向功能综合性高职院校的跨越。

二是质量水平的跨越。不走先扩张、再整顿提高的老路,而是追求品牌发展、特色发展,实现从数量(专业数量、学生数量)扩张向品牌(专业质量、学生质量)特色发展的跨越。

　　三是教育面向的跨越。走出专业教育的小天地，大力发展成教培训事业，实现专业教育向社会性院校的跨越。

　　四是产出水平的跨越。大力发展科研，强化社会服务，实现教育产出向教育、科研、社会服务综合产出的跨越。

　　五是形象地位的跨越。要树立形象，确立地位，实现从后起院校向科研强院、特色院校的跨越。

三、跨越式发展战略的实施路径

　　要实现跨越发展，可能有的同志会问有可能吗？我想回答是肯定的。

　　英国的沃克大学办学 35 年，就成为世界一流大学；香港科技大学办学 14 年，就跨入世界百强大学的行列；上海工艺美术职业学院花 3～4 年的时间，就成为示范性高职学院；宁波大红鹰学院花 3～4 年的时间就成为本科院校。

　　那么，我们学院有可能实现跨越式发展目标吗？回答也应该是肯定的。因为我们拥有思想认识的基础，人才队伍的基础，科研、教育和社会服务的基础，同时我们还拥有农业教育、科研的许多支撑条件，更重要的是我们还拥有温州城市快速发展的大好机遇。这关键是看我们怎么干！

　　要实现跨越式发展必须要研究制定跨越式发展战略，而跨越式发展战略应该就是我们前些年讲的，质量立院战略、科研强院战略、人才兴院战略、产业富院战略。今天我想讲的是要实现院校跨越式发展战略目标，就必须在跨越式发展理论指导下，要着重做好以下几方面的工作：

　　（一）完善结构，适应发展

　　完善组织结构是全面实现跨越式发展目标的最基本要求。"十一五"期间我们已基本建成与之相适应的组织结构框架，下一步工作重点是：

　　1.加强成教组织结构建设

　　我院的成教工作从总体上看是起步早，规模小，兼职的多、专业的少，讲得多、做得少，导致这一现象的根本原因是我们成教工作的组织结构不健全，力量比较薄弱。要完善结构，充实力量，以达到拓展市场、提高成教的目的。学院在适当的时候要专题召开成教工作会议以推进成教事业的发展。

　　2.优化专业结构

　　非常坦诚地讲，当前我们的专业建设还存在非常严重的"拿来"主义后遗症，还没有根本摆脱以产业、行业分类，学科门类建专业的思想，专业建设还没有真正把握高职教育思想的要求,将专业落脚在职业岗位及其与之相适应的能力培养上。还没有真正体现产业发展的要求建设新专业。专业建设要立足核心专业建设,建设相应的专业群,专业建设要立足品牌特色专业建设。专业建设不是追求越办越多,而是越办越强,专业建设要建立科学的准入和淘汰制度。目前院校专业门类不会变化,但对具体的专业要调整改革,对招生就业不佳的、麦可思报告评价不佳的专业要限制招生或直接淘汰。

3.加强科研结构建设

总的来说要拓展领域、鼓励建所、分类管理、提高水平,以适应经济社会发展的要求。

当前要着重做好碳汇研究院的建设工作和农业区域规划研究所的筹建工作。前几天,我和苏院长、谢院长到科技局汇报工作,他们还要求我们建立农机、水利相关的研究所。

4.加强产业开发结构建设

这几年学院开发工作步履维艰,发展坎坷,这有宏观政策的原因,也有学院政策和工作的原因。但是目前学院科苑资产总公司的成立已为开发事业发展提供了良好的平台,温州农口正在筹建农业投资总公司也将为学院的开发事业提供重大的发展机遇,学院种业公司、绿化公司等的成立已为开发工作打开了良好的局面。学院要加强对开发工作的领导,要强化开发结构体系的建设,尽快明确、尽快形成开发的公司结构体系,力争注册资金到位,尽快明确总公司框架下的各子公司的运行机制。

(二)整合资源,促进发展

整合资源是实现跨越式发展的重要途径,可以说任何跨越式发展都离不开资源的整合。

整合资源就是整合发展的各种要素,这些要素包括:硬条件,如土地、资金、人才资源等;软条件,如政策、关系等等。

如果我们仅凭着自己几个人、几杆枪,想着自己想干的几件事,实现不了跨越式发展;如果只盯着院里的资源,也实现不了跨越式发展。

整合资源的能力实际上就是一个领导的工作能力。整合资源仅靠几个人在做是不行的,要求全体干部职工发挥优势,全方位整合社会资源,推进学院的跨越式发展。

如何整合资源,我想谈几点想法:

一是要拓展空间抓整合。简单地说是两句话：一是纵向到天，即从温州→省→全国→国际；二是横向到边，即教育部门→农业、科技及其他许多部门。

坦诚地说，我们学院拓展空间、整合资源的能力不足。但这几年我们也有一些亮点，如农生系，谢志远院长做得不错，要向他们学习。

二是要抓住机遇抓整合。我经常说事物总是应运而生、因势而发的。竹笋在春天才会破土而出、茁壮成长；春夏的花朵才会在秋天结果，而迟到的花朵只会在孤独中凋谢。

时运时势是什么？就是机遇。整合资源需要借助机遇、抓住机遇。

机遇是什么？机遇是林中一闪而过的猎物，而不是圈中待宰的羔羊。机遇是稍纵即逝的，它永远不会等待你，它只为有心人而准备。有远见的人会感受机遇，聪明的人会寻找机遇，勇敢的人会去抓机遇。回顾我们的发展历史，我们农校就曾失去中专升格的最好发展机遇，农科院就错失借助温州农业高新技术园区建立基地的历史机遇。对我们在座的许多人来说，也错失过改革开放、股市、房市可能带给我们的发家致富的历史机遇。那么我们现在面临的整合资源加快发展的机遇又有哪些呢？我认为有以下四大机遇：

1. 高职教育进入全面发展的新阶段；
2. 政府对农业教育科研工作的高度重视；
3. 温州城市化快速推进；
4. 国际交流合作加强。

现在各级政府部门出台的政策很多，设立的发展项目很多，提供的资源资金也很多，要干的事情也很多。现在一定程度上可以说，是我们不怕没门路，只怕没想法；不怕没项目，只怕没思路；不怕没资金，只怕没能力；不怕没事干，只怕干不好。现在马路上滚动的依旧是"金元宝"，问题是我们能不能看得到、抓得到。

三是提升理念抓整合。整合资源要有先进的理念，不能一厢情愿搞整合。整合资源要求与自己的地位能力相适应，一般强势地位的整合资源比较容易，弱势地位的比较困难。整合资源需要智慧、更需要精神，要学会孙子兵法、发扬孙子精神。我想我们在整合资源的过程中，要着重处理以下五大辩证关系：

1. 独有与共有的关系。独有好，共有也不错，要学会合作发展，要有合作的理念。

2.所有与所用的关系。所有最好，所用最重要，要会利用他人的资源发展。

3.进来与出去的关系。整合是互动的，自己有能力整合别人，别人有能力整合我们，进出皆坦然。

4.实与虚的关系。整合资源有虚实之分，整合的形式有虚实之分，虚实皆相宜。

5.得与失的关系。整合的得失是辩证的，得到实的可能会失去虚的，得到虚的可能会失去实的。如学院办学设施的对外开放，可能会赔本，但会得到人气资源。

(三)队伍建设，支撑发展

任何的发展可以说是人的发展。人的发展是跨越式发展最基本的动力，同时，也是跨越式发展最根本的目标。学院要坚持以人为本，切实加大实施人才兴院战略的力度，切实加强人才队伍建设，着力做好中层干部队伍建设、学科带头人队伍建设、科研团队建设、教师队伍建设、学生管理队伍建设。

这几年学院对各类队伍的建设非常重视，也出台了一系列政策措施，取得了明显的成效。各类队伍虽然热情高、态度好、进步快，但从根本上来说未摆脱能力低下的地位，还难以满足学院跨越式发展的要求。学院要继续坚持培养、引进两手抓的方针，进一步做好队伍建设工作，着重做好几件事：挂职锻炼，访问交流，短期培训，下派帮扶，联系产业大户企业活动等。

特别要做好人才引进工作，包括博士、学科带头人及科研团队的引进。学院决定用2～3年时间引进20～30名博士，并提供相应的条件，希望用人部门主动出击，人事部门网罗人才。

(四)重点突破，带动发展

跨越式发展强调的是发展的非均衡，需要在优势领域、在薄弱环节上率先突破，点上的突破带动面上的发展，局部的发展带动面上的发展。我希望学院在以下九个方面率先突破，发挥示范作用：

一是在人才培养模式的研究和应用上，希望设施栽培专业要率先突破；

二是在水稻品种的育成和示范推广方面，李道品的早稻814品种要率先有所突破；

三是在实验实训基地建设上，在温州市种子种苗基地建设上要有所突破；

四是在成教事业的发展上,要把成教大楼的建设作为突破口;

五是在社会服务方面,希望农业流动总医院要有所突破;

六是在研究所的建设上,希望在区域规划研究所建设方面有所突破;

七是在人才引进上,希望在博士录用方面有所突破;

八是在产业开发上,希望在种业公司发展上有所发展;

九是在高职教育上,希望理论研究有所突破。

中国高职教育的发展历史不长,高职教育的理论研究滞后于高职教育的实践,而农类高职教育研究更少。高职教育理论研究的滞后已将高职教育引向歧路。办学以后,我一直在思考高职教育的理论问题。我感到有几个问题是非常值得我们进一步探索和研究的:

第一,高职教育到底是什么教育?(类型定位问题)

——理论和实践的分析:

①思想起源:黄炎培"大职业教育观",即职业教育的职业性、社会性和人民性。

②实践基础:工科高技能型人才培养,中外的职业培训、就业培训的经验和历史。

③分析判断:高职教育一种区别于专业教育的新类型。

④培养目标:职业技能、技能等级证书,而非学历。

⑤奋斗目标:世界一流的职业大学

我认为这种分析判断是不正确的,甚至是错误的,其在于错把传统的职业教育思想当成现代的职业教育思想,错把职业技能培训的理论和实践,当成现代职业教育的理论和实践,是认错了祖宗。错把职业培训、就业培训当成了学历教育。

我认为高职教育不是什么发明创造,也不是教育的特殊类型,它是随着科技的进步带来的产业分化、职业分化,是高等教育发展的必然要求,是高等教育思想的发展和进步,它与素质教育、专业教育是一脉相承的,是不同历史时期不同的表达形式。职业教育是把更具体明确定位人才、能力的培养作为教育的起始点和落脚点。

其实中国最成功的职业教育并不是职业院校的教育,而是师范教育和研究生教育。职业教育的思想也带来了专业教育的深刻变革。

据此理解,我们在农类专业教育的过程中,有几种做法要引起我们的关注:

一是立足行业和产业建设专业是不正确的;

二是站在农类专业教育的对立面标新立异搞教学改革是不科学的；

三是盲目强调素质教育搞学分制是不正确的，甚至是一种倒退。

第二，关于高职人才培养的目标定位问题。

教育部把高职人才培养的目标定位为一线、高素质的技能型人才。"一线"肯定是错误的，如果是一线，那么中职教育、职业培训、就业培训怎么办？"高素质"是讲不清楚的，谁都会说自己培养的人才是高素质的。"技能型"肯定是不够的，因为这只够完成任务。

我认为高职教育培养的应该是二线的（或蓝领）技术型人才，它是技术型的管理人才、技术型的经营人才、技术型的创业人才。

教育部人才培养目标定位偏低，客观上造成了高职培养人才的规格不够，就业定位目标不够，在辉煌的就业率背后其实大量的是农民工或普工的工作，也导致高职学校和中职学校没有了差别。

第三，关于高职人才培养的方法问题。

高职教育借鉴了职业技能培训先进的经验和做法，是有价值的，但是却由于自己的无知、不自觉地站到了素质教育、专业教育的对立面，抛弃了素质教育的规律和精髓，培养方法从一种单一，走向了另一种单一。有以下几种问题值得我们关注：

1.忽视了理论知识的系统性；

2.忽视了技术素质能力的重要性；

3.过分强调技能，重视"手"的培养，忽视"脑"的培养；

4.过分强调基于工作过程的课题设计；

5.盲目强调顶岗实习。

总体上是盲目照搬工科技能型人才培养的模式和方法，有一次我问温职院丁金昌院长国外有语言类的、理科类的、技术型的高职教育吗？得到的回答是没有。

那我们能直接搬来应用于农类学生的培养吗？显然不能。

(五)制度(机制)创新,助推发展

制度机制创新是推进跨越式发展的巨大动力，同时也是跨越式发展的主要目标。这些年来，我们根据学院的自身特点，在制度和运行机制建设上做了大量卓有成效的工作，也取得了相当大的成绩。但是从总的情况看，院校运行的核心制度还没有最终形成，机制创新对推动事业发展的作用还太小，我非常希望学院要做好以下几件事情：

1.完善四大制度

一是决策制度,完善分权体制;

二是二级管理制度,完善放权办法;

三是分配制度,调动和保持各级的积极性;

四是考核制度,强化工作绩效。

2.强化四大措施

一是推进新一轮质量提升工程的政策措施。明确目标、强化措施,增加投入,形成系统;

二是推进新一轮加强研究所建设的政策措施;

三是推进新一轮开放办学、合作办学的政策措施;

四是推进新一轮转变工作作风、提高工作效能的政策措施。

（六）提高认识,服务发展

这几年院校的事业得到了快速发展,取得了很大的成绩,主要是广大干部职工努力干出来的,作为院领导我们只是院校改革发展的设计者,院校未来的发展依旧取决于广大干部职工的努力。我非常希望通过我们的努力,能加快学院的建设发展,在3～5年内将学院提高到一个新的水平。

我非常希望在座的各位中层干部能够提高认识、强化发展意识,认真地贯彻落实学院建设发展规划,认真落实推进院校跨越式发展的工作要求,能成为一个有想法、能干事、干成事的合格干部。

我也非常希望院校的各位中层干部能增强大局意识,主动地服务于院校的改革发展大局,充分理解、准确把握、正确处理在建设发展中可能碰到的各种问题。

我也非常希望大家能继续发扬连续作战、不怕疲劳、克难攻坚的精神,在打好农科院稳定之战、科技学院的建院之战之后,能振作精神,继续打好科技学院的跨越式发展之战,以非常的胆略、非常的勇气、非常的干劲、非常的办法、非常的措施,夺取跨越式发展之战的胜利,全面实现院校"十二五"发展规划的目标。

（2011 年 8 月 23 日在暑期中层干部学习会上的讲话）

开拓视野　重视人才　实施人才兴院的发展战略

世界上什么最重要？人最重要，人才最重要。现在世界各国，全国各地，所有想谋求事业发展的人都在呼唤人才、渴望人才。所以十八大报告当中，就强调要广招天下英才。为什么？主要有以下几方面的意义和原因。

（一）人才是发展的第一资源，也是第一要素

历史经验告诉我们，人类的发展史可以说是人才的创业史。在古代，刘备三顾茅庐、萧何月下追韩信等等，无不说明人才对社会发展、对一个朝代的建立和发展作用尤其重要。

古代如此，现代依旧如此。国家的竞争、发展的竞争，本质上是人才的竞争。大家都知道，当今世界人才工作做得最好的国家是美国。它搜罗了天下英才，保持着高度发达，维持着世界霸权。有数据说明，第二次世界大战以后，美国所取得的科技成果80％是由引进的外国人才实现的。现在美国从事科技研究、工程项目的研发人才，72％来自于发展中国家。美国博士、博士后的第一大来源是清华大学，第二大来源是北京大学。中国现在有6.5万名高技术人才在美国。人才对美国的发展至关重要，对中国也一样。钱学森回国了，所以中国能发展"两弹一星"；中国引进了乌克兰大批的高层次优秀专家，所以航空母舰、隐形飞机发展迅速。

邓小平同志说，善于发现人才、团结人才、使用人才是领导者成熟的标志。科技的竞争就是人才的竞争，我们要有识人的慧眼、用人的气魄、爱人的感情、用才的方法。胡锦涛同志也说，人才问题是关系到党和国家事业发展的关键问题。所以我们说，人才是发展的第一资源，也是第一要素。

（二）人才兴院是学院发展最根本、最关键的发展战略

建院以来，我们制定了"十二五"发展目标，明确提出要把温州科技职业学院建成特色高职院校和科研强院，并制定了四大发展方针战略，那就是

"质量立院、科研强院、人才兴院、产业活院"。其中关键性、决定性的战略还是人才战略。没有人才，质量立院谈不上，教学质量提不高，科研强院跟不上。

（三）人才是学院发展的关键，人才缺乏是关键发展时期的最大瓶颈

一方面，人才是高校发展的关键。什么是高校？高校就是高层次人才聚集的地方。什么是大学？大学就是大师做大学问的地方。人才是大学的标志，也是评价大学的最基本尺度。高校的牌子、实力、地位都与人才紧密联系在一起。虽然从 2008 年省政府下发学院正式成立文件之后，我们进入了高校行列，但从本质上来看，还不是一所真正意义上的高校，因为缺乏高等人才，没有大师级人物，更谈不上人才聚集，学院走不出浙江、面向全国。所以，人才是学院发展的关键。

另一方面，为什么说人才缺乏是学院关键发展时期的最大瓶颈？人才是学院发展最基本的动力。自从学院完成结构建设，进入以质量提升、内涵提升为标志的新的发展阶段后，怎样加快发展这一问题就摆在了面前。我们越来越感觉人才力量不足、能力不足，实现学院快速发展很难。此外，学院要上层次比较难。难在什么地方？难在我们没有高层次人才。所以说，人才已经成为学院又好又快发展的制约因素和最大瓶颈。

（四）重视人才是当前高校普遍做法，也是实现学院跨越式发展的捷径

为了开好此次人才工作会议，前段时间我带着学院系主任和有关部门负责人，专门去温州医学院学习人才工作经验。瞿佳院长介绍，医学院人才引进工作的力度非常大，效果显著。有人说，对于一所高校而言，不引进人才是"等死"，引得不好是"找死"。引进有风险，但是引进有希望。我们不能等死，必须冒险。比如引进三个人，只要其中有一个是我们真正需要的人才，那么就成功了。医学院引进国家"百千万"计划人才，每人配套经费 2000 万～3000 万元，他们今年一共引进了 3 个，在全省高校的排名急追直上。丽水学院做得也很不错。这次我在党校培训的时候，碰到了丽水学院院长周湘浙，他说丽水学院在五年时间内，要申请 2 亿～3 亿元的人才引进资金，实现向大学的转变。他们现在一年的人才经费是 4000 万元，引进一个优秀博士生可以配套经费 80 万～90 万元。今年共有 500 名博士到丽水学院应聘，最后录用 50 人，引进力度非常大。

学院人才工作的目标要做到四个符合：一要符合特色院校、科研强院发展的需要；二要符合院校专业建设、学科建设的需要；三要符合院校不同发

展阶段的需要;四要符合院校科学发展、跨越式发展的需要。

未来一段时期,学院人才工作总体目标是:努力建设符合学院科学发展、跨越式发展需要的,师德高尚、业务精湛、结构合理、充满活力的高素质人才队伍。

具体目标是:到"十二五"末期,专任教师中副高及以上职称人员占30%以上,硕士及以上学位人员占70%以上,"双师"素质教师占80%,引进、培养博士50人以上。同时,要在省级优秀名师、省级创新团队、省"151"和市"551"等高层次人才队伍建设上取得新突破。

具体要建好以下五支队伍:

(一)构建以杰出人才、领军人物为核心的高层次人才队伍

1.要建立高层次人才"俱乐部"。高层次人才包括中国科学院院士、中国工程院院士,国家"千百万"计划引进人才,国家青年千人计划引进人才,长江学者特聘教授、讲座教授,国家杰出科学基金获得者,新世纪"百千万"人才工作国家级人才,教育部新世纪优秀人才入选者,浙江省特聘专家,浙江省千人计划领军人才,浙江省钱江学者特聘教授等等。这些人才学院目前还是空白。但是学院要发展,要真正成为大学,必须要努力构建这样的人才队伍。

2.要引入学术上的领军人物。什么是领军人物?主要标志是在学术界有地位。省科技厅的2012年度省农业新品种选育重大科技专项,我们学院参加的属于第三层次,第一层次和第二层次都没有,这说明我们还没有学术上的领军人物。因为领军人物领的不仅仅是学院的教师,领的还应该是全省乃至全国各地优秀的人才,他是能够解决产业方面重大问题的杰出人才。

为什么学院要引进杰出的领军人才?主要是基于以下几种考虑:要谋求建设省级以上的重点学科和重点实验室。没有领军人物、杰出人才,学院的学科建设和实验室建设上不了水平。此外,还要谋求学院在科技界、教育界的地位,杰出人才的产出可以帮助学院获得地位,带来效益。我相信高层次人才进入学院后,也会对广大干部职工产生激发效应。

希望大家抓紧考虑学科建设问题。可以是引进构建新的学科,如果看上在哪方面有这么一个团队的,可以把他引进来;可以在优势领域谋求建设新学科,在优质项目的基础上提升、新建,比如水稻育种、花菜育种或其他种质、生态研究方面;也可以在薄弱环节上谋求建设新学科,比如碳汇研究、农村经济建设、创业教育等等。总之,学院面对社会、面对产业、面对机遇,一

定要有一流的学科,能在全省甚至全国打响。

(二)强化提升结构性领导人才队伍

什么是结构性领导人才? 主要是指系主任、研究所所长、专业负责人或教研室主任等。强化提升的目标是什么? 就是要使这些负责人具有让部门实现自我发展、自我管理的能力。学院能不能走上正确、高效、快速的发展轨道,与这支队伍的素质水平密切相关。为此,学院开展了很多活动,包括高校科学发展观学习、解放思想、互学互比等。从现状来看,结构性领导人才队伍的建设目标还远没有实现,需要强化提升。怎样使这批结构性人才,成为合格的领导者,成为专家和行家,在温州科技界、产业界、学术界有相应的地位,这是学院上层次的决定性因素。

1.要加强系主任队伍建设。系主任面临着三大历史性使命:一是如何在做稳高职高专教育的基础上,向成教培训事业、社会服务、文化传承方面发展。二是如何推进人才培养,向提高教学质量、实现学生体面就业方向发展。三是如何推进科研工作,使其成为促进教学、社会服务和教师地位的重要抓手,使科研和教学、社会服务工作相统一,共同进步。

2.要加强研究所领导队伍建设。研究所领导要完成三大历史使命:一是要推进个人课题研究向学科研究转变。现在学院大多数研究所、教师的科研工作还是单打独斗局面,使教师单打独斗的科研向研究所整体科研工作发展,是一个历史性、标志性的进步。研究所要着力解决产业发展的重要问题,要凝练研究方向,实现个人的研究向整个所研究方向的转变。二是要推进团队建设,形成自身优势。研究所至少要具备当前的区域优势,这样,地方有困难才会想到你、找到你。三是要承担起温州产业发展的历史使命,做到科研工作和产业发展相结合。这样的研究所队伍怎么建设? 研究所领导需要承担起责任。

3.要加强教研室主任队伍建设。我们学院的教育事业是以专业建设为龙头,教研室主任则是专业建设的龙头。因此,怎样提高教研室工作水平,发挥好教研室主任的作用,是当前提高教学质量的关键。我希望教研室主任能够发挥好三方面的作用:一是专业建设负责人的作用,二是人才培养总设计师的作用,三是专业优化改革牵头人的作用。

专业需要围绕社会的发展,不断地优化、调整、改革和发展。所以如何牵好头,指导教师的课题改革,把好教师授课艺术关、发挥引路人作用,这些都是教研室主任需要思考的。学院对专业教研室主任寄予厚望,要采取切实有力的措施,加强教研室队伍建设。

(三)加强骨干教师和科研人员队伍建设

大学需要什么样的教师?学院现在讲得比较多的是"双师型"教师,着重提高教师的授课能力和指导学生实践能力。但实际上,对于大学教师而言,仅仅做到"双师型"还不够,大学需要的是"三能"教师,即要具备教学能力、科研能力和社会服务能力。

下一步,我们要实现教师从"双师型"向"三能"方面的转变和发展。我希望全院教师能做到以下三点:

一是教学上要有地位。每位教师都要成为专业教学团队不可或缺的一员,能够根据专业教学的要求,独立组织教材,有较高的授课艺术。我听课听得不多,但是听了几次后,有几件事情非常担心。第一件就是本本主义。教师拿了教材就上,根本没有对专业要求进行很好的研究。第二件是机械式、填鸭式的授课方式。高职学生很需要培养的一种能力就是逻辑思维能力和批判精神,但现在很多教师上课讲的东西,都过于程序性、机械化。教师要发挥教师的作用,教研室主任或者专业设计者做不到位的地方,就要靠教师的授课艺术来解决这方面的问题。教师有授课解惑的天职和相应的影响力,会对学生一生的行为和发展产生重大影响,所以我们的教师会不会自主地处理教材,是他是否成熟的标志。希望我们的教研室主任能够发挥作用,在安排好课程后,对每一本教材的内容进行预先研究。

二是科研上要有位置。每位教师都要成为研究团队当中不可或缺的一员。这一块我看农生系做得比较好。希望其他各系,每一位教师,都要找到自己的科研位置,融入研究团队。我现在很担心的第一个是学院没有提供位置,第二个是教师习惯了上自己的一门课,习惯从理论上找课题。我们的研究生、博士生,三到五年后,如果找不到研究方向,对未来的发展是非常不利的。

三是服务上要有市场。每位教师都要成为社会服务中不可或缺的一员,要有自己的一技之长,开拓一片属于自己的市场,能够解决生产关键问题,要使人想念你、牵挂你,主动寻求你的帮助。

(四)建设一支精干、高效的党政管理队伍

当前学院急需做三件事:切实提高行政的执行力、管理水平和学院整体形象。这三个问题如何有效解决,就需要行政管理队伍的努力。学院要引进、培养、建设创新型的行政管理队伍,提高行政管理人员的创新能力、研究能力。行政工作具有很大的创新空间,对学院的建设发展发挥着重要作用,但目前学院行政工作创新型人员不多,力量不强,创造的成果不多,这些问题急需解决。

（五）建设一支稳定的教辅、科辅队伍

教辅、科辅队伍是学院建设发展不可或缺的队伍,这支队伍一定要稳定。只有思想上稳定、工作上稳定,教、科辅人员才能认可我们学院的事业,才能做到忠诚可靠。这次院里出台了人事代理制度,解决了临时工历史问题,大幅提高了人事代理人员工资水平,并把他们纳入学院统一管理,使他们真正成为学院的一员。

当然其他的如学生管理队伍、后勤服务队伍、产业开发队伍等的建设发展,学院也要加大力度。最终要使全院干部职工素质、各层面的工作队伍水平,都有很大的提升。

（2012 年 12 月 15 日在全院人才工作会议上的讲话）

对高职教育的再认识与人才培养工作的思考

今天我们在这里召开全院人才培养工作会议,这也是建院以来召开的第四次有关提高人才培养质量的专题会议。这次会议的主要目的是:在全面总结我院人才培养工作取得的成绩,反思高职教育发展中存在问题的基础上,进一步理清我院人才培养目标、改革发展方向,进一步落实提高人才培养质量的相关措施和政策,强有力地推动我院人才培养工作。

下面我讲两个问题:一是对提高人才培养质量重要意义的认识;二是对高职教育发展的再认识。

一、提高人才培养质量的重要意义

作为教学工作者,人才质量的重要意义大家肯定心知肚明。它是学校办学水平最重要的标尺,决定一个学校的社会地位和社会影响力,也左右着一个学校的生存和发展。今天我们在这里再次强调提高人才培养质量,要认清它的重要意义。

1. 是大学永恒的追求,是理想的使然

大学的理想是培养"全人",培养"完人",提高人才培养质量是永恒的追求,也是重要的追求。

高职从诞生之日起就重视人才培养质量,特别是最近十年,教育部出台了《关于提升高等职业教育教学质量的若干意见》即16号文件,随后又出台《高等职业院校人才培养工作评估方案》,对所有高等职业院校进行人才培养和教学质量的评估。最近教育部又下发了《深化职业教育教学改革 全面提高人才培养质量的若干意见》征求意见稿。高职教育发展到今天,对高职教育人才培养质量的要求是越来越高了。

2. 是高职发展的现实要求,是现实的使然

高职教育发展至今,取得了辉煌的成绩,但现在碰到了三个突出的现实

问题：

(1)社会对高职人才质量的质疑

高职教育质量存在四个方面的问题：人才就业水平低下，高职毕业生工资待遇低下，专业对口率低下和离岗率居高不下。高职教育快速发展，培养了很多学生，但是并没有从根本上解决社会经济发展特别是产业发展所存在的人才需求方面的问题。高职人才质量的质疑关系到高职教育的发展，也关系到高职教育的声誉。

(2)高职院校的生存问题

高等教育进入大众化、甚至普及化程度以后，高职招生的供求关系发生根本性逆转，很多学校特别是民办学校招不到高职学生，所以录取率、报到率都比较低。浙江省民办高职学校的录取率、报到率不到80%，河南等地的会更低，直接影响到高职院校的生存。

(3)专业的生存问题

专业招生带来很多竞争，2017年以后浙江省开始以专业为单位进行招生录取，对很多专业尤其是我们学校的农业专业，将带来很大冲击甚至影响到生存和发展。福建省2013年开始实施专业投档招生，农类专业2013年只完成计划的56%，2014年完成计划的73%，如果不提高高职教育的质量，很多专业就很难生存。

3.是学院发展的要求，是发展的必然

学院建院以来一直非常重视人才培养工作。我们的人才培养工作走过了三个阶段：

第一阶段是拿来主义培养人才阶段。学校刚刚起步，人才培养方案等都是从别人那里拿来的；第二阶段是最近几年，学院进入主动设计培养人才阶段，学校对怎么样培养人才有了很多自己的想法，出台了一系列政策措施，对人才培养方案进行了大规模的修改，我们要主动设计培养人才来提高人才培养质量。今天根据我们的理解，也基于前几年的工作基础，我们进入了第三个阶段即优化提升培养人才阶段，对原来的培养方案进一步优化提升，对原来提出的工作措施，提出相应的配套政策，坚决予以贯彻落实。

二、对高职教育发展的再认识

(一)对学校发展模式的再认识

每个学校有每个学校的发展历史过程，每个学校发展模式是历史的选择,也是现实的选择。每个学校可能走的道路不一样,但是它们有一个共同点:就是从扁平式的发展向立体式发展的深刻变化。学校一般经历三个发展历程:

1.发展历程

(1)发展初期:建校期,以满足招生教学需要为主要目标的扩张式发展,主要进行基建、建专业、招老师,起步上马。

(2)专业教育发展期:以满足人才需求为主要目标(内涵式发展),提高教学质量,以16号文件为标志,强调走内涵式发展道路。

(3)多功能立体式发展期:以满足经济社会对人才技术服务需求为主要目标的全面发展,学校不仅仅是培养人才而是要满足社会发展对人才的需求。

高职教育从单一的教育向多功能化发展。高职走上了大学的发展之路,是高职院校走向成熟的重大标志。

2.启示和要求

(1)做大到做精的变化:培养优秀学生而不是盲目地多建专业和扩大招生,主要把精力集中到提高教学质量上。

(2)做大到做强的变化:多功能立体式发展。大力发展科研、社会服务,将学校或专业的面做宽,功能进一步发展。

(3)做大到做特:谋求特色和比较优势,每个学校、专业要有立院、镇院之本,有自己的绝活。

(4)自利到功利:充分认识到我们学校、我们每个人要在服务社会发展中发展自我,学校只有满足社会各方面的需求才能真正得到可持续发展。不能只顾部门利益、个人利益,不要打小算盘,要学会算大账,眼光要放远一点,心胸要大一点,不能老盯着学校、系里、个人能得到多少利益,如果仅仅盯着利益,学校、专业、个人都发展不了。

(二)对高职教育的再认识

什么是高职教育研究了很多,现在对高职的认识已从强调高职的属性到教育本质的回归。

1.认识历程

(1)强调高职教育的职业性

认为高职教育是一种类型的教育,以满足就业为主要目标,强调是教育的一种类型。出台制定了高职的一系列措施政策,形成了高职教育自己的理论体系。强调高职教育的职业性没有错,问题是近几年在强调职业性方面走过了头,走到了普通教育的对立面,使高职教育成为培训式教育,导致了高职教育的质量低下。

(2)强调高职教育的层次性

层次性是以满足体面就业为主要目标,强调教育的层次性(高等性),即岗位的层次性、能力的层次性、人才素质的层次性,强调人才质量与中职、本科的区别。培养不可替代的人才,实现学生的体面就业。

(3)强调人的全面发展

以满足学生多路径发展、可持续发展为主要目标,强调人的全面发展,要培养"完整的人"。所做的工作要服务于学生的多路径发展,要支持学生的专业选择、就业岗位的选择、继续升学的选择、创业的选择。

高职教育不仅要强调学生当前就业的需求,也要强调学生岗位迁移的需求、未来可持续发展的需求。对高职教育的认识从原来的属性认识到本质的回归,对高职教育的认识更加全面和理性。

2.启示

(1)高职教育并非只是就业教育。

(2)高职教育是层次的教育,区别于中职与本科,要有自己的特点和特性。由于缺乏这方面的认识,前几年培养的学生就业水平与中职没有区别,甚至比农民工还低。

(3)高职教育并非终极教育,只是人终生教育的一个过程。提倡搭建教育立交桥,中职到高职到本科甚至到研究生,要遵从人的发展。

(4)高职教育的本质是人的发展教育,追求人才培养的完整性。教育永远坚持的理想追求就是培养"完人"。

(三)对专业建设的再认识

高职发展从最初到现在,教育行政主管部门怎样带动和促进高职学校的发展?重大的转变是从关注学校引领到关注专业引领的深刻变化。

1.发展历程

(1)学校引领:以示范性学校、骨干学校建设为标志,以及以学校为基础的一系列政策。前些年国家建立100所示范性学校,浙江省也建了20所骨干性学校,赋予了很多一般学校没有的权利。

(2)专业引领:以特色专业、示范专业建设为标志,以及以专业为基础的一系列政策措施的出台。从原来抓学校到抓专业,不是关注学校强不强,更重要的落脚点是专业强不强。从学校录取到专业录取政策出台,将会对高职教育发展带来一系列变化。

2.启示

(1)在思想上真正认识并落实到专业的龙头地位、基础地位和核心地位,要明白学校地位取决于专业地位。

(2)专业要逐步摆脱对系、对学校的依赖,能够独立面对社会。前几年学院实行二级管理,要求各系要具有自我管理、自我运行、自我发展三个能力,专业改革以后,每个专业也要具有这三个能力。

(3)专业地位将决定专业的生存和发展,专业的壮大发展是唯一出路。专业地位是什么? 我认为就是:

专业的教学地位,即专业的排名要吸引学生;

专业的科研地位,即能够支撑产业;

专业的社会地位,即服务社会,能为社会发展提供产品,搞好各方面的服务。

(四)对提高教育教学质量的再认识

教育教学质量讲了很多,对质量的认识是什么? 我认为是从提高教育教学质量到提高人才培养质量的深刻变化。

1.认识历程

(1)教育质量:以学校为主体,强调对人才培养的设计以及保障实施的能力,强调内涵建设,是学生和学校的关系,你有多少能力来培养学生。

(2)教学质量:以教师为主体,强调教师实施培养方案的能力以及能够取得的效果,加强课堂教学的改革与创新,怎样实现有效知识的有效传递,提高教学质量。

(3)人才培养质量:以学生为主体,强调学生自主发展和提升,强调学校和老师服务学生发展的能力。从教育教学质量到人才培养质量提法的改变实际上是对人才质量认识的重大飞越。

2.启示

(1)从提高教育教学质量到提高人才培养质量,它揭示了在提高人才培养质量过程中,学校、教师、学生作用的内在逻辑关系。以生为本,"三位一体",两条腿走路,协同创新,提高质量是高职教育思想的重大进步。

(2)"设计的先进性,实施的创造性,学生的主动性"才能培养"质量标准"的学生、特长学生和精英学生。教育教学质量只强调学校怎么做,相当于打造一条加工流水线,学生是原材料,加工后成为标准体。强调学生为主体,就是要因材施教,像石头和玉石加工的区别。因材施教才能培养特长学生和精英学生,只强调教育教学质量就只能培养标准化学生。

(3)要特别重视和发挥学生的主观能动性。前几年,在人才培养的过程中,忽视了学生的作用。

(4)更加重视学生工作在提高人才质量中的作用,坚持"两条腿走路",教学管理的作用和学生自我管理的作用要充分发挥。

(五)对质量内涵的再认识

质量到底是什么? 是从能力本位到全面发展的深刻变化。

1.认识历程

(1)就业能力:以就业能力为目标,重视就业率;一个学校培养学生质量的好坏,由就业率的高低决定。政府把就业的责任强加给学校,片面地强调就业。

(2)解决问题能力:以综合能力培养为目标,重视职业发展性;强调专业方面的教育,要有专业方面的烙印,提高学生解决问题的能力。

(3)人的发展能力:以综合素质提升为目标,重视人的可持续发展。强调思想品德教育和人文素质教育。随高职教育的内涵不断深化,由片面走向全面。

2.启发

(1)质量的本质是人的质量,并非教育教学的过程质量。质量体现在人的身上。

(2)质量的评价是现实的评价,更是历史的评价。不仅仅关系到学生当前的就业力,更是学生将来的可持续发展力。

(3)质量的评价,不仅是外部的评价,更是学生自我评价。

(六)对就业导向的再认识

从就业导向到促进就业的深刻变化。

1.认识历程

(1)就业导向:强调就业。

(2)体面就业:强调就业层次与岗位层次的对接。

(3)促进就业:就业是高等教育大众化后对高等教育的一般要求,但并非教育的本质要求,也并非高职教育的特殊要求。这次《深化职业教育教学改革　全面提高人才培养质量的若干意见》指出以促进就业为导向,把原来简单的以就业为导向改了。

2.启示

(1)就业导向:绝非教育的主线,否则高职教育就会演变成低水平的职业培训。前些年高职教育存在的最大问题是把就业导向作为教育的主线。

(2)体面就业:是高职教育最基本的目标和要求。学校办学过程中,专业对学校培养的目标设定偏低,把体面就业与精英学生等同,之前目标设定低于体面就业的要大幅度提升。

(3)满足体面就业的需求,是高职教育的起点,而非终点。

(4)就业和促进就业是高等教育大众化后经济社会发展对高职院校的必然要求。

(七)对校企合作的再认识

高职教育发展之初,就提出校企合作,经历了从学校依赖到企业依托的深刻变化。

1.发展历程

(1)学校依赖:学校依赖企业办学。高职教育开始之初,学生要到企业实训、顶岗实习,企业有技能的老师来学校上课,学校单方面地依赖企业。企业对学校并不热情,需要政府出面,出台强有力的政策措施。

(2)合作共赢:校企合作各有所需、共同发展。共同培养人才,学校培养的人才是企业需要的。要共同培养企业所需要的人才,共同研发、攻克技术难题,共享产学研的发展。

(3)企业依托:企业依托学校发展。企业需要学校方面的技术、专利,技术可以孵化企业,创造企业。

校企合作是否能取得成效在于学校服务企业的能力。

2.启示与问题

(1)学校利用企业做什么? 学校做得比较差,利用企业的资源、优势办学做得还不够。

(2)学校与企业共赢做什么?

(3)学校为企业做什么? 学校能为企业解决什么技术问题? 校企合作是学院在下一轮人才培养工作中的一项重要内容。要强化校企合作,在校企合作中实现共赢。

(八)对工学结合的再认识

从工学结合到以学为主的深刻变化。

1. 认识历程

（1）工学并行："以工为学"，"以工代学"，工学结合培养人才，工学结合就业。

（2）"工"的深化："工"向实验、实训、实习、研发、设计延伸。从粗工到精工，"工"的内涵在变化。

（3）"以学为主"："工"是为了实现学的目标，是学的主动设计。

2. 启示

（1）工的本质是学，附属于学，是学的内容或途径。

（2）要反思"工"的成效和必要性，特别是低水平的技能性的训练，和半年的顶岗实习有没有必要，有没有效果，学生能够学到什么内容。

（3）如何做到"以学为主"顶层设计，把握拓展"工"的内涵，丰富人才培养的途径和手段。"工"是什么，要深化研究，我们要主动设计"工"，要把简单的"粗工"真正变成"精工"，提高学生就业质量。

（九）对人才培养途径的再认识

从校企合作培养人才到协同创新培养人才的深刻变化。

1. 发展历程

（1）校企合作培养人才。

（2）校社合作培养人才。

（3）协同创新培养人才。

2. 启示

（1）如何做好内外协同培养的文章：校企合作、政校合作、校校合作。内外协同，统筹各种社会资源，培养学生，提高人才培养质量。

（2）如何做好内部协同培养人才的文章：教管协同，研学协同，校（师）生协同，校社协同。

（十）对学校评价的再认识

对学校的评价从能力评价到产出评价的深刻变化。

1. 发展历程

（1）能力评价：办学能力。学校办学能力、办学条件的评价。

（2）学生评价：学生质量。

（3）综合评价：学校产出评价。

2. 启示

学校必须走向全面发展，以满足学生发展和经济社会发展需求的综合发展之路。

这是我对当前高职教育的一些认识，不当之处欢迎大家批评指正。

（2014 年 12 月 14 日在学院人才培养工作会议上的讲话）

索　引

图书在版编目（CIP）数据

高职教育特色院校建设的探索与实践／徐和昆著.
—杭州：浙江大学出版社，2015.4
　ISBN 978-7-308-14521-3

　Ⅰ.①高… Ⅱ.①徐… Ⅲ.①高等职业教育－办学模
式－研究－温州市 Ⅳ.①G718.5

　中国版本图书馆 CIP 数据核字（2015）第 061131 号

高职教育特色院校建设的探索与实践

徐和昆　著

责任编辑	周卫群	
封面设计	刘依群	
出版发行	浙江大学出版社	
	（杭州天目山路 148 号　邮政编码 310007）	
	（网址:http://www.zjupress.com）	
排　　版	杭州中大图文设计有限公司	
印　　刷	杭州杭新印务有限公司	
开　　本	710mm×1000mm　1/16	
印　　张	13.25	
字　　数	224 千	
版 印 次	2015 年 4 月第 1 版　2015 年 4 月第 1 次印刷	
书　　号	ISBN 978-7-308-14521-3	
定　　价	38.00 元	